U0606826

教学反思构建
初中语文有效课堂

张雪霞◎著

北方妇女儿童出版社
·长春·

图书在版编目（ＣＩＰ）数据

教学反思构建初中语文有效课堂 / 张雪霞著. — 长春：北方妇女儿童出版社，2020.7
ISBN 978-7-5585-4503-0

Ⅰ.①教… Ⅱ.①张… Ⅲ.①中学语文课—课堂教学—教学研究—初中 Ⅳ.①G633.302

中国版本图书馆CIP数据核字（2020）第121345号

教学反思构建初中语文有效课堂

JIAOXUE FANSI GOUJIAN CHUZHONG YUWEN YOUXIAO KETANG

出 版 人 刘　刚
责任编辑 王天明
开　　本 880mm × 1230mm 1/16
印　　张 13
字　　数 250千字
版　　次 2022年6月第1版
印　　次 2022年6月第1次印刷
印　　刷 北京厚诚则铭印刷科技有限公司
出　　版 北方妇女儿童出版社
发　　行 北方妇女儿童出版社
地　　址 长春市龙腾国际出版大厦
电　　话 总编办：0431-81629600
　　　　　发行科：0431-81629633

定　　价 45.00元

让教学之旅开满鲜花

曾看到过这样一则小故事：阎王审判亡魂，将一名庸医打入十八层地狱，将一名庸师打入十九层地狱。庸师不服，上诉道："他都医死人命，我只不过没教好弟子，何故罚我重，罚他轻？"阎王答复道："庸医害人性命，庸师则害人慧命，小者误人子弟，大者则贻误家国。"庸师之害，以至于斯。故事虽然荒诞，但却尖锐地指出一个现实：为人师者，误人子弟，罪莫大焉。同时，这也反映了社会对教师最基本的职业期许：身为教师，不能误人子弟，不能害人慧命。

我所在学校的操场上有一棵枝繁叶茂的大柳树，岁岁年年，用一身青绿，一树浓荫，沉默地守护这满园的学子，从不辜负春光，也永不缺席陪伴。怎样做好一名语文教师？从第一次站上讲台，我就不断问自己这个问题。面对一双双求知的眼睛，一颗颗稚嫩的心灵，我默默地下定决心：要像操场上的那棵大树一样，向下扎根，向上生长。从不误人子弟做起，启人智慧，导人向善，追寻大道，惠泽学生。

岁月流转，不觉间已经教书二十余载。回望教学之旅，由最初的青涩稚嫩到现在的从容自如，我想说："语文教学是一段长长的旅程，走着走着，花就开了。"

一个教师到底能走多远，外界的因素不可或缺，但最重要的还是教师自己，是教师自己的毅力、坚守、信念和智慧等因素，决定着教师最终的成就。教无止境，教育是一段没有终点的旅途，教师的命运掌握在自己手中。从一名普通教师到骨干教师，再到成长为名师，我一路成长，一路感悟，一路收获。

与爱心相伴。教育是爱的事业，没有爱就没有教育，老师技巧的全部奥秘，应在于如何爱孩子。爱孩子就要尊重、理解、平等对待学生，因材施教，

1

因势利导，让每一位学生都能体验到学习的快乐，在愉悦中学习和成长。

与勤奋为友。终身学习能将教学的旅途装点得绚丽多姿，一名好教师始终要把学生的发展放在第一位，不仅要有胜任教学的专业知识，更要在实践中积淀教育教学智慧，保持自己进步和富有活力的状态，以锲而不舍的学习研究为学生提供鲜活的知识清泉。

与智慧同行。他山之石，可以攻玉。一个教师的成长，除了自身的努力外，绝对离不开名家的引领和分享。学习、培训、观摩、交流，在教学之旅中，我一次次的被名家们执着的情怀感动，被先进的理念涵养，被智慧的方法吸引。

我深深地意识到：教书绝不仅仅是一份职业，更是一种生命的责任。引领学生透过一个个飞舞灵动的方块字，与一颗颗伟大高尚的心灵对话，用书香浸润滋养生命、净化心灵，让学生感悟、体验、践行汉语言乃至汉文化的至真、至善、至美，是每位语文教师必须肩负的庄严而美丽的责任。

叶圣陶先生说："教育是农业而不是工业。"农业一定是生态的、健康的、绿色的，是需要精耕细作的，这样才能使每一种作物都获得好的收成。我们要似农业的精耕细作，播种、培土、灌溉、施肥，然后静待花开。

枝头的花蕾虽然不尽相同，但当我们蹲下身子仰望时，你会发现，所有的花蕾，都在挺直了的花枝上，饱满、多彩、茁壮、自信、充实、阳光，所有我们的期待都会在一瞬间对着世界绽开。

"张老师，我被选为我们班的语文课代表啦！""张老师，这是我语文学习经验介绍的发言稿，你能帮我修改一下吗？""老师，我现在办了一个校外作文辅导班，用你当年教给我的方法辅导学生。"

这种场景，这类对话，每年都会反复上演。每当教师节或者是高中学生休息日，就会有往届的毕业生来学校看望初中的老师。师生热闹的会面之后，我每次都会由衷地感叹：教学相长，孩子们，你们教会我的也许更多。

是啊，面对鲜花般可爱的孩子，我们的疲惫不复存在，我们的沮丧烟消云散，我们的心境永远年轻。吾家儿女初长成，阳光下的花朵透出鲜亮的色彩，随风翻出最朴质动听的天籁之音，这就是教师的幸福。

我真诚祈愿，每位教师的生命河流都能和学生的生命河流相互交叉、补充、交错，成就彼此的波澜和壮阔。"桃李不言，下自成蹊"，这就是我——一名教师最大的快乐，亦是永恒的追求。

目录 CONTENTS

绪　论

为什么要进行教学反思

时下，教育者都在探讨如何构建高效课堂。何为高效？如何界定高效？这实在是见仁见智的事。但一课堂如果老师熟练运用有效教学策略，引导学生完成既定的学习任务，让绝大多数学生获得知识或技能的提升，那就一定是一堂好课，一次有效教学。所以有效课堂是常规目标，高效课堂是理想目标。构建高效课堂要从构建有效课堂谈起。

一、何谓有效课堂

有效课堂是指尽可能多的完成教学任务，使尽可能多的学生掌握内容。因此有效课堂应该包括如下含义：以绝大多数学生的需要为基础，合理的组织教学内容，完成教学任务；教学过程优化，单位时间里教学效率高；关注学习者的参与度；组合教学媒体和教学方法；课堂的每个环节都体现出有效性。

有效课堂要具有以下特征：

（1）教学任务的适切性。

（2）教学模式的科学性。

（3）教学组织的有序性。

（4）教学过程的主体性。

（5）教学结果的有效性。

（6）教学氛围的民主、合作、宽松、和谐、进取。

教学有魅力，是指教学能给学生带来愉悦的心理体验，能吸引学生自主学习，自觉地去预习、复习或者拓展加深。其核心是学生的进步和发展。作为教

1

师，在教学中要充分营造有效课堂，不但"乐"教还要会"善"教，用老师的情感去感染孩子，这样学生也会"乐"学，真正让学生在素质教育的土壤里茁壮成长。

有效课堂是每一位教师都应追求的课堂教学基本目标，而教学反思则是达成这一目标的有效途径。

二、何谓教学反思

典籍中常常谈及反思的重要性。在司马迁的《项羽本纪赞》中记载了项羽垓下之围、四面楚歌之时的一个情景："五年卒亡其国，身死东城，尚不觉寤而不自责，过矣。乃引'天亡我，非用兵之罪也'，岂不谬哉！"导致"西楚霸王"项羽失败的原因固然很多，但从他自身来看，他悲剧的根本原因在于到死都没有对自己的思想行为进行深刻的反思，比如：鸿门宴放虎归山，流放义帝而自立为王，夸耀功劳，独逞个人私欲，我行我素，自以为是。自刎于乌江前还将失败归结为"天亡我"，真是死不悔改。

《论语》中说吾日要三省吾身，有效反思则是一个人成长的阶梯，成功的基石。对于项羽来说，不知反思的最终结果是悲壮地退出历史舞台，还有就是为"霸王别姬"的影视巨作提供了生动的历史素材。对于一名教师来讲，不进行教学反思即意味着教学止步不前，水平难有提高。

教学反思是教师以自己的教育教学活动为思考对象，对自己所做出的工作行为、决策及由此产生的结果进行审视和分析。对于广大教师而言，它不是一种面向学生的教学方法或策略，而是一种用来提高自己的专业素养，积极探索与解决教育实践中的问题，努力提升教育实践的合理性，从而构建有效课堂乃至高效课堂的有效策略。

反思的实质在于发现问题和解决问题，从而进一步激发教师的责任心，使教师在不断改进教育教学行为的过程中，把自己的教育教学实践提升到新的高度。

常听教师自嘲："老了，学生不喜欢了，学生喜欢年轻教师。"认真反思一下，学生嫌弃的也许不是我们的年龄，而是一成不变，故步自封的教学活动。

还有在评课时常听老师抱怨："学生不配合"。认真反思一下，学生不配合的原因是不是我们的教学设计脱离学情，教学策略难以激起学生的学习兴趣？

有效的教学反思是提高教师自身素质和提高教育教学水平的重要途径。它既是对自己的教学予以肯定，同时又是同自己"过不去"，挑自己的刺，使自己以后的教学更完美。

三、教学反思的三点优势

教学反思是一种新的教育理论与实践。教师通过反思教学活动的全过程，不断改进和完善教育实践，逐渐向专家型教师成长。教师的专业素养的提升必然与课堂效率的提升成正比。由此可见，教学反思不仅是教师专业化成长的新思路，更是构建有效课堂乃至高效课堂的新思路。

运用教学反思构建有效课堂，其优势主要有以下三点：

1. 将"学会教学"与"学会学习"结合起来

"学会教学"与"学会学习"的结合，有利于教师专业水平的提高，当代教学的主旋律之一是让学生学会学习，作为教学活动中重要角色的教师更要学会学习、学会教学，提高教学的合理性和有效性，促进学生的学习和发展。

2. 有效发挥教师的主观能动性

教学反思的基本出发点是探究和解决教育实践中的问题，在教学中"反思"不是一般意义上的"回顾"，而是教师思考、反省、探究整个教学过程中各个方面（包括目标、内容、组织、教育策略、师生互动等）存在的问题，并努力去解决这些问题，也就是说，反思教学帮助教师从冲动的、常规的行为中解脱出来，理智地决定、审视自己的教育行为，改进自己的工作，使其更有效率、更富有创见。

3. 将理论与实践结合起来

反思教学不是一般个人的意识，也不是传统的"理论 — 实践"模式，前者常有一定盲目性，后者常常由于理论的抽象性，使教师感到一种"距离感"，对理论对自己的教育实践有什么帮助产生怀疑。教学反思要求我们通过"教学活动中的反思"观察所发生的行为，理解自己行为与学生反应之间的动态因果关系，而后教师又进行"对事后的反思"和"功能反思"，分析发生的事情，并指导以后的决策。反思成为理论与实践之间的对话，是它们两者之间沟通的桥梁。因此，从教师成长的角度看，反思教学是教师自我学习自我提高的系统工程。它通过"实践（行动）—反馈—调整再实践（行动）"这样一个循环反复的过程，使自身的专业素养和整体水平得到不断提高。

美国波斯纳1989年就提出教师成长公式：经验+反思。

我国著名心理学家林崇德也提出"优秀教师=教学过程+反思"的成长模式。

叶澜教授说：一个教师写一辈子教案难以成为名师，但如果写三年反思则有可能成为名师。

北京教育学院刘加霞教授提出：经验+反思+行动=教师的成长，她说如果对反思仅仅处于"想一想"层面的教师，不付诸行动，那是不会有效果的。

从这些专家教授的话中可以确定这样的结论：有反思，才有突破，才能发展。可见教学反思不仅是教师成长的必由之路，更是构建有效课堂乃至高效课堂的必由之路。

第一章 反思教学理念

教学理念是人们对教学活动的看法和持有的基本的态度和观念，是人们从事教学活动的信念。教学理念是对认识的集中体现，有理论层面、操作层面和学科层面之分。明确表达的教学理念对教学活动有着极其重要的指导意义。教学反思要达到构建有效课堂的目标，首先要反思是否运用先进的教学理念来指导教学活动。

有效课堂离不开有效的课堂教学，而有效课堂教学又离不开先进的教学理念做指导。教学反思就要关注课堂教学所体现出来的教学理念是否适应时代发展的需要，是否合乎新课改的要求，是否能对教学活动进行有效的指导。

第一节　反思课堂教学理念

在教师的众多追求中，必定包括对高课堂品质的追求。何谓高品质课堂？高品质课堂以"高尚、本真、丰厚、灵动、和谐、创新"为理念追求，其应该是充分彰显教育本体功能的课堂，是自觉遵循教学内在规律的课堂，是力图体现学习本质内涵的课堂。它充分汲取以往中小学课堂教学实践的经验并力图解决时下课堂教学中存在的突出问题，彰显育人价值，深掘课堂本质，回归学生主体，强化教师主导，活化学习方式，淡化模式流程。它以优质课堂为追求，充分落实"立德树人"根本任务和促进学生健康成长，以切实促进学生人人发展、全面发展、自主发展、个性发展和终身发展为核心价值追求。它立足对学生生命的尊重与关怀的高度，高举爱的旗帜，彰显育人的核心主题，坚持能力为重的鲜明主线，以追求学生健康成长为终极目标。

高品质的课堂一定是建立在有效、高效的课堂教学的基础上，而有效的课堂教学一定是在有效的教学理念的指导下进行的。所以反思我们课堂教学的有效性就一定要先反思我们教学理念的有效性。

一、课堂教学要关注学生的进步或发展

（一）以学生发展为本的教学目标

1. 教师要有对象意识

新课程的核心理念是"一切为了每一位学生的发展"。教学不是唱独角戏，离开学，就无所谓教，也就是说，教师必须确立学生的主体地位，树立一切为了学生的发展的思想。

2. 教师要有全人的概念

学生的发展是全人的发展，而不是某一方面（如智育）或某一学科（如语

文、数学等）的发展。教师千万不能过高地估计自己学科的价值，而且也不能仅把学科价值定位在本学科上，而应定位在对一个完整的人的发展上。

3. 教师要坚持以学生发展为本的教学目标

不仅要关注学生的考试分数，更要关注学生体魄的健壮、情感的丰富和社会适应性的提升，从知识和技能、过程和方法、情感态度和价值观三个维度上去促进学生个体的全方位发展，使获得知识与基本技能的过程同时成为学会学习和形成正确价值观的过程。教师要树立教学目标的整体结构观念，全面实现三维目标，使教学目标价值的实现统一于同一教学过程中，从而充分实现教学的基本价值，促进学生全面和谐的发展。

（二）学生发展取向的教师教学行为

教师在教学中既要准备充分、组织科学、讲解清晰，又要改变传统的以教师为中心的教学行为模式，代之以学生发展为取向的教师教学行为。

1. 变牵着学生走为跟着学生走

所谓牵着学生走，就是教师在教学中仅以知识掌握为落脚点，不顾学生在课堂中的实际表现和问题，严格按照预设的过程、问题、细节，引领学生机械被动地"完成"教学任务。与此不同，"跟着学生走"的教学则是教师在课前充分预设和精心准备、设计的基础上，在教学中根据教学目标、学生的实际和遇到的问题，动态生成课堂资源、教学细节和程序，为学生的学习提供针对性的支持和帮助，让学生按照预设的教学和目标任务，通过主观能动的学习，建构自己的知识体系，树立创新意识，从而学会学习，促进自身的成长和发展。变"牵着学生走"的教学行为为"跟着学生走"的教学行为，是新课程改革对教师教学行为提出的基本要求。它应是预设目标与生成性目标的辩证统一过程，是教师的主导作用与学生的主体作用相互融洽、相得益彰的过程，是系统掌握知识、高效学习的过程。

2. 把思维过程还给学生

当代有效教学理论强调，在教学中，教师应改变传统教学中以教师的探究代替学生的探究，以教师的思维代替学生的思维，以教师的活动代替学生的活动的弊端，真正把课堂学习的权利还给学生，把本属学生的思维过程还给学生，把学生的读、写、思、研还给学生，从而把学生的自主学习和教师的指导帮助在教学过程中有机和谐地统一起来，提高教学的有效性。

3. 变教教材为用教材教

教教材，就是把教材里的内容按部就班地讲完了事，教材上有什么内容，就讲什么，教材里怎么说，我就怎么讲，至于教材教完后，课程目标是否真的实现了则是很少考虑的。用教材教则不同，它把教材只是作为实现课程目标的手段和途径，教学的目的是用教材来完成教学任务，实现课程目标。评价教学是否有效的标准是教学的三维目标是否实现，学生的进步和发展如何，而不是教材是否教完。有效教学的特征是用教材教，而不是教教材。教师只有变教教材为用教材教，才能满足学生的学习需要，促进学生的进步和发展。

二、课堂教学要注重预设与生成的辩证统一

有效教学既是预设的，又是动态生成的，是充分预设与动态生成的辩证统一。预设是生成的前提和基础，生成是预设的超越和发展。教学是有目标、有计划的活动，预设是教学的基本要求。课堂教学如果只讲"动态生成"，而抛弃了应有的"预设"，或者远离教学目标地想干什么就干什么，学生想到哪儿教师就跟到哪儿，那么这种教学实际上就是在开无轨电车，是无效的动态生成。同样，只讲预设，没有动态生成，不能根据教学实际作出灵活的调整和变化，就很难以满足学生的学习需求和促进学生的发展。所以，有效教学必定是预设和生成和谐、辩证的统一。

为了正确处理预设与生成的辩证关系，提高教学的有效性，在实践中应特别注意以下几点：第一，精心预设，为各种可能的生成做好充分的准备。第二，有效生成要立足文本的重点、难点进行生成。第三，教师为课堂智慧生成的"助产士"、引领者和创造者。面对动态生成的课堂，教师应做学生思想的"助产士"，为课堂生成的学生智慧"接生"；要成为课堂智慧的引领者，帮助学生进行课堂智慧的抉择；要做"麦田守望者"，不让学生迷失于"课堂生成"；要做课堂智慧的创造者，机智地对待课堂中的动态生成，灵活地调整教学策略。

三、课堂教学要关注教学效益，知识量高

1. 教师要有时间与效益的观念

教师在课堂教学时既不能跟着感觉走，又不能简单地把效益理解为花最少

的时间教最多的内容。教学效益不同于生产效益，它不是取决于教师教多少内容，而是取决于对单位时间内学生的学习结果与学习过程综合考虑的结果。

2. 教学目标要更多地关注可测性或量化

教学目标尽可能明确与具体，以便于检验教师的工作效益。但是，并不能简单地说量化就是好的、科学的，比如语文教学中的语言的涵咏与品味。有效教学既要反对拒绝量化，又要反对过于量化。应该科学地对待定量与定性、过程与结果的结合，全面地反映学生的学业成就与教师的工作表现。

3. 关注教学的有效知识量

教学实践表明，教学的有效性取决于教学的有效知识量。所谓教学的有效知识是指教学中学生真正理解并有助于其智慧发展的知识，是能提高学生有效知识的知识。从教学论意义讲，教学知识可分为有效知识和无效知识两大类。如果教学的有效知识量为零，则教学效果也为零，此时，教学内容不论如何正确、科学，都属于无效教学。教学有效性的法则就是教学效果取决于教学的有效知识量，而不是教学传授知识的多少和教学时间的长短。

四、课堂教学要关注教学生态的和谐平衡

当代教育生态学研究表明，只有当整个教学生态系统处于动态和谐和平衡时，教学才能高效优质地实现促进学生全面进步和发展的目标。

1. 教学方式结构的和谐平衡

有效课堂教学主张根据教学的目标任务和学生学习的实际，把接受学习与探究学习，个体独立学习与小组合作学习，内化学习与外化学习，自主学习与制度化学习等多种教学方式有机结合起来，形成一个开放、动态、和谐、平衡的教学方式结构，反对教学方式运用中把接受学习与探究学习、个体独立学习与小组合作学习等学习方式对立起来的极端化倾向，反对形式主义地开展探究和合作学习。一个有效课堂教学的教学方式结构，常常表现为各种教学方式的和谐、平衡的运用，而不是把各种教学方式割裂开来。当然，教学方式的和谐平衡，并不是简单的、机械的搞平均主义，而是从实际出发的一个开放、动态的平衡系统。

2. 教学思维结构的和谐平衡

任何教学内容都是通过一定的教学思维进行传授和学习的。同样的教学内

容以不同的教学思维进行教学，其效果是不一样的。如果教学思维清晰、结构合理、辩证全面，则教学有效性就高，反之就会下降。现实教学的缺失之一是教学思维方式的单向性和片面性，重逻辑思维轻直觉思维，重演绎思维轻逻辑归纳，教学思维缺乏清晰、合理和平衡的结构。因此，在教学中科学地把逻辑思维与直觉思维、演绎思维与归纳思维结合起来，使教学思维清晰有序、和谐平衡，改变教学思维方式单一片面的现象，是提高教学有效性的重要途径，也是有效课堂教学的基本特征。

3. 教和学的和谐平衡

有效的课堂教学既有赖于教师的优教，又有赖于学生的优学，两者和谐才能提高教学的有效性。首先，有效教学要求教师主导作用与学生主体作用的辩证统一。其次，有效教学要求教师教学过程与学生学习过程的和谐平衡。教师的教是为了促进学生的学，学生的学需要教师教的帮助，只有两者和谐平衡，才能达到教学的目的。再次，有效教学要求教师专业成长与学生发展的和谐平衡。教学过程既是一个教会学生"学会学习"的过程，也是一个教会教师"学会教学"的过程。有效课堂教学既有赖于"有效教师"，又有赖于"有效学生"。因此，有效课堂教学不但要求学生学有收获，学有发展，而且也要求教师大胆探索教学互促的教学思路，通过理论学习和实践反思不断提升专业成长水平。事实上，没有教师的专业成长，学生的有效学习也是很难实现的。只有两者和谐，才能教学互促，良性互动。

4. 课堂环境的和谐平衡

课堂环境包括物理环境和心理环境，是教学生态的重要组成部分。课堂环境和谐平衡就是指课堂的物理和心理环境能增进学生良好的情感体验，使师生处于一种相互尊重、友好合作、充满人性关怀和具有较高心理安全感、舒适感、归属感的氛围中。实践表明，课堂环境直接关系着学生对教学和教师的情感与态度体验，是影响课堂教学有效性的重要因素。

五、初中语文课堂教学新理念

随着时代的发展，整个语文课程标准中着重于提高学生的语文综合素养：包括培育学生热爱祖国语言文字的思想感情，指导学生正确地理解和运用祖国的语文，丰富语言的积累，培养语感，发展思维，使他们具有适应实际需要的识字写字能力、阅读能力、写作能力、口语交际能力；还应重视提高学生的品德修养和审美情趣，使他们逐步形成良好的个性和健全的人格。因此，教师在语文教学实践中，要改变传统的教学方法，寻找新的教学课程，从而在教学中全面提高学生的文化素养，同时提高学生的语文能力。当然，在提高学生文化素养的过程中，教师不仅要注重学科之间的联系，还要面向课本以外的真实生活，着手于现代的科技手段和科学的学习方法，扎根现状，着眼未来，面向世界，从而拓宽语文学习的运用领域。语文教学要根植于"大语文"的价值观，在这种价值观的引导下，提高学生的文化素养，让学生在运用语文的基础上学好语文。

（一）突出学生为主体的教学模式

传统的教学模式，老师是课堂的主体，学生被动地接受教师所讲授的知识，带有明显的灌输性，与新课改要求的精神和教学理念格格不入。新课改的实质要求在教学课堂上尊重学生的主体地位，激发他们的主体意识，促进他们自我教育、自我发展能力的形成，为他们自我实现创造条件，满足他们自我实现的要求。新课程改革后的语文课堂上，教师不再是课堂的主宰者、是非的裁判者，而是学生学习的组织者、指导者、促进者，是学生发展的引路人。发挥学生的主体作用，这是适应了时代的发展，体现了尊重教育的规律，也是我们对传统语文教学做了深刻反思之后的必然选择。以学生为主体，也不能够忽视教师的作用，作为课堂的组织者、引导者，有效的教学课堂就应该要具备高效的组织、引导能力，如果缺乏有效的组织，那么课堂气氛、课堂纪律就会无从保证，教学质量更加无从谈起。因此，教师的引导、组织也是不可或缺的，有时还起到至关重要的作用。

（二）激励学生探索，培养独特思维能力

独特的思维要求在面对问题、分析问题和解决问题的时候，与前人、众人的想法不同，独具卓识，有新解、有新知，体现出科学的首创性。这样的首创性往往来自思维中的质疑分子，对中规中矩的怀疑，对真理定理的质疑，对教本的质疑，对老师的质疑，等等。教师在教学过程中要鼓励学生大胆质疑，通过质疑培养学生思维的独一性。质疑通常是创新的源头。当一个学生养成了勤于发问善于质疑的习惯，就有了一个很好的思维发展平台。这时需要老师解放畏首畏尾的思想，引导学生怀疑所谓的定论，鼓励学生敢于发表独立的见解，

即使是荒唐的不可理解的错误想法也千万不能挖苦学生。尊重学生敢于质疑的精神，就是要允许不同的学生有不同的想法、不同的方案，要让学生在教师的鼓励中养成善于质疑的好习惯。在语文教学过程中，要引导学生在课文的语言、表达、结构和主题思想等角度去发现问题，避免不着边际的滥问。要以学生课堂上提出的每一个问题都体现出独立思考的精神为教学的目标，让学生多提问多思考，培养起学生独特的思维。

（三）充分利用多媒体现代化教学辅助工具

现代网络信息技术的发展，改变着人们的生活、工作、学习方式，同样教学也在受着影响，作为教学辅助工具的多媒体有着很多传统教学不具备的功能和作用。多媒体能够快速展示广泛的信息，具备"说""动"的鲜活功能。多媒体在教学中的运用，已经多年了，但是运用的效果不太如意，这是运用方式和尺度没有把握好，不是单单的几张幻灯片，或者几个flash就可以见成效的，而应该借助多媒体的优势，让学生参与其中，融入感情，深刻体会文章的内涵。如果在初中语文课堂教学中，教师能够准备几张图片、音频资料、动态画面，再加上教师声情并茂的讲解，就能激起学生对新鲜事物的好奇心，以较高的积极性来完成不易懂的学习内容。

（四）优化初中语文课堂教学环境

良好的初中语文教学课堂环境是实现有效教学的重要保证，积极互动的语文教学少不了优化的教学环境。在新课程改革背景下，努力构建开放型的教学环境，让学生参与，在全新的教学环境下学习，必然更具思维活力。这种教学环境更多的是注重人文环境的营造，人文环境是优化语文课堂教学的重要因素。传统的语文课堂常常忽略了语文作为人的生命活动的意义，忽略了语文对于人的精神世界的构建价值。许多富有优美意境、鲜活思想的文字被肢解为机械释词、标准化答题。标准的模式不仅限制了教师的思维，更让学生形成了某些懒惰意识，造成不能说、不敢说及不会说的尴尬局面。营造互动、积极沟通的人文教学环境，能够使得学生和老师在交流中思维得到解放，得到激发。

（五）语文课堂教学要渗透美育

美是人们精神生活的一种享受，一种乐趣，一种陶醉。真正的美能使人的内心产生无比的喜悦和兴奋，在欣喜的启迪中领悟生活的真谛，从而完善自己的人格，陶冶自己的情操。而语文这门课程，便承载着太多这种让人舒适的美丽。因此，陶冶学生的情操，培养他们的审美力是中小学语文教学中不容忽视的内容。

1. 教师语言揭示艺术美

教学语言是教师传授知识给学生时最重要工具。著名的教育家斯霞曾指出：对于教师来说，他的语言恰似一面镜子，通过它，可以看出教师思维的逻辑性、感情的丰富性、知识的广阔性、认识的深刻性、表达的艺术性以及反映问题的敏捷性。可以想象，教师语言缺乏美感，学生就会感到枯燥乏味；教师语言深奥，学生就难以接受和理解。所以，一位好的语文老师，语言应具有强烈的艺术感染力，在课堂上要尽量做到语言准确、鲜明、生动、形象，富有逻辑性、富有吸引力，有条有理，声音抑扬顿挫。只有这样，才能使语言文字中蕴含的思想性和情感性如润物无声的丝丝春雨自然地与学生交融。

2. 创设情景感受语言文字美

文章不是无情物，大部分课文的情感是十分丰富的。但如果教师不能身临其境，进入角色，只作为旁观者，作一般的叙述，学生是不能很好地受到美的感染。因为文学作品是用形象来反映生活的，而形象又是借助语言塑造出来的。在作品中，我们看到的是具体的、感性的典型形象。只有我们身临其境，与作品息息相通，才可能受到潜移默化的教育。教师可以通过设计意境，制造气氛，表情范读，看图描述，配乐朗诵等多种艺术手段，以情动情，使语文教学达到一个更完美的境界。

3. 启发想象体味整体美

如果说理解、比较能够再现形象美的话，那么，想象就可以拓展和创造意境美。想象是储存于大脑的表象，重新组合，构成新的意象（主观把握了的表象）的过程。把文字转化为意象的阅读，一刻也离不开这一基本的心理活动方式。因此，在阅读中，"想象力比知识还重要"（爱因斯坦语）。想象的触觉伸得越长，由文字所唤起的意象愈丰富，对课文的感受就愈生动。在阅读教学中，引导学生展开丰富的想象，把其中概括着的、凝冻着的内容融化开来，再造意象的整体，从而加深对文字的理解和感受，拓展想象力，对培养学生的审美能力是很有必要的。对于学生来说，依靠具体的视觉形象，比依靠抽象的文字符号更容易唤起想象，而且由前者唤起的想象较后者的要生动得多、丰富得多。

4. 引导朗读感受意境美

瑞士思想家阿米尔说过"一片风景是一个心灵的结晶"。外在的自然风景与内在的心灵互相叠印，相融为一，这即是意境。为学生创设一种美好的意境，朗读是一种很好的形式。教师可根据课文的特点，运用范读、自读、引读、议读、齐读等多种形式来引导学生深入感悟文中的意境美。

5. 利用图画感受形象美

在审美教育中，审美对象总是以具体可感知的形象方式存在的，离开了具体的感性形象，就不可能成为审美对象。有些课文，学生可以依据语言文字，经由想象，直接浮现出作品所描绘的形象，从中得到美的享受。但是，由于学生的审美想象力尚不发达，加之表象储存贫乏，有时仅凭文字的叙述，很难使学生呈现形象，唤起美感。这时最好的办法是利用课文插图以及教师找寻的与文字相关的图画，把文字内容诉诸视觉的画面，使学生直接地产生意象整体，以达到陶冶性情和高尚情操之目的。

总之，在语文课堂教学中需要借助丰富的艺术形象，引人入胜的深邃意境，凝练生动的优美词句，强烈感人的抒情色彩等来更好地体现"美"。教师除了让学生感受体验以教材内容为本的审美内容及形式外，还要遵循学生的审美规律，由浅入深，由表及里，由感性到理性，才能更好地在教学中进行美育渗透，从而提高学生的审美素质。

（六）适当开展课外活动

语文新课程标准明确指出："语文课外活动是语文教学的组成部分。"这种模式彻底打破了传统以固定教室为阵地的模式，传统教学模式已经难以满足语文的教学要求，应适当开展课外活动，把课堂搬到室外，让学生走向校园、体验丰富多彩的生活。课堂上打造学生的理论素养，在课外锻造学生的实践，做到课内与课外的有效结合，相互促进，形成相互提高的教学模式。它在以下三个方面推动着语文教学的发展：一是有助于激发学生的语文学习热情；二是有助于培养学生的创新思维能力；三是有助于提高学生的语文学习能力。实践告诉我们，教学的成功必须获得学生的密切协作，教学活动应该是师生双方共同寻求新知识的活动，要达到这一境界，教师就要努力激发学生的学习兴趣，充分调动其求知欲，对学生的学习心理进行有意识的调控，创设轻松的教学氛围，想方设法使他们对教学内容发生直接兴趣，变苦学为乐学，成为教学活动的积极参与者，积极地进行思维活动。

　　一节语文课的时间只有短短的几十分钟，想要提高语文教学效率，让学生真正学有所获，就要把语文课堂变成学生乐于学习的场所，充分激发学生的学习积极性，调动学生的多种感官，让学生在课堂上充分"动"起来，在全方位参与中学习，增长知识，提升能力，陶冶情操，使语文课堂生机勃勃，充满活力。

第二节　反思好课标准

新课程给出了语文课评价的三个维度，"突出语文课程评价的整体性和综合性，要从知识与能力、过程与方法、情感态度与价值观几方面进行评价，以全面考察学生的语文素养"。许多老师往往更多地把目光聚集于"情感态度与价值观"这一最高层面的评判，忽视了学习主体的实际状况，忽视了知识与能力、过程与方法的重要性，好像教学中涉及双基就不是新课程，其实是打着人文精神的名，行着思想说教的实，把人文精神与思想教育简单地画上等号。

有的老师在草草地让学生了解一下课文之后，就深挖教材中的微言大义，诱导学生亦步亦趋地走向教参中的答案，然后再启发学生用自己的所见所闻，从不同的角度来验证由课文所引申出的思想内容的正确、崇高、神圣，最后老师和学生再来一次思想的升华，达到一节课的圆满结束。这是架空文本型。

有的老师干脆在出示教学目标时，有意无意地暗示学生"学习什么什么精神、体会什么什么感情"，在"主题先行"的框架下，让学生戴着脚镣跳舞。好像孙悟空再怎么跳，也跳不出如来佛的手掌心一样，看上去热热闹闹，其实还是在老师的划定的圈子里翻翻跟头罢了。这是目标僵化型。

有的老师甚至专门为"人文"而"人文"，把"人"与"文"割裂开来，不是把语言文字的熏陶渐染与人文精神的潜移默化处理得水乳交融，而是把一节完整的语文课孤立地划成截然不同的几块，语言文字本身魅力的含英咀华却抛在了九霄云外。这与过去的架空分析其实是一脉相传的。大概是受旧时"工具论"影响颇甚，而今非得来个矫枉过正不可。这是人为孤立型。

一、名家说好语文课的标准

一堂好的语文课到底应该是什么样的？应该是"仁者见仁，智者见智"。

下面笔者和大家分享几位当下全国语文教学名家心目中好语文课的标准，或许能让我们受益良多。

（一）支玉恒：什么是好课——直观的感性评价

1. 从学科性质上看

"语文姓语"这是大家常说的一句俗话，但它简练明确地表达了语文教学的基本特征。语文是工具，需要学习训练，需要运用积累；语文又是人文生活，就要有情感、有审美、有文化积淀。《语文课程标准》（以下简称"课标"）讲，在语言实践过程中，提高语言实践的能力。这就是要用语文这一工具做手段，探索语文的无穷内涵。学生的多读、多写、多思、多问，是最重要的语文实践，是实现语文积累，提高语文学习的文化品位的基本途径。要克服目前课堂上大量存在的非语文手段的现象，还语文教学的本来面目。

2. 从课堂形态上看

"课标"指出：要建立开放而有活力的语文课程。这就要求我们的语文教学课堂应该是学生的课堂，是学生充分施展和表现才能，取得学习成果的时空。在课堂上不管老师表现了多么高超的语文才华，如果学生没有充分活跃起来，没有思维、想象、情感的迸发，就不能算一节好课。因此，学生自主地、生动活泼的、具有生命活力的学习，应该是一节好课的主要标志。

3. 学生发展上看

教育是为了学生的发展。这种发展应该表现在每一节具体的课上。好的课堂，应能反映出学生由不懂到懂、由不会到会、由不熟练到熟练、由不喜欢到喜欢的发展过程。另外，学生的发展又应该是语文素养的全面提高。因此，以科学而又艺术化的方法过程，实现知识与能力、情感态度价值观全面发展的课堂，才是好课。

4. 从学习氛围上看

教师是学生的朋友，在好的课堂上，老师应该与学生是平等的，与学生应该是心与心的交流（而不仅仅是过去所说的"教态"如何）。有了好的学习心理氛围，课堂就一定会是民主的、和谐的，学生的学习就会是愉悦的。

5. 从教学个性上看

语文教学不但应该使学生得到充分的、自主的、个性化的发展，而且特别注重教师教学的个性化。语文教材是一篇篇不同的选文。不同的课文，就应该采用不同的教学方法；每篇课文都应该选择最适合教材的个性化的方法——因为内容决定形式。当然，不同的老师、不同的学生，也应该有不同的教学设计。有些老师模仿别人的教案去上课，试一试可以，一以贯之，肯定不会有好的结果。

（二）靳家彦：我心目中的好课十条标准

1. 目标明确

从知识与技能、过程与方法、情感态度价值观三个维度上确定立体的目标。师生认同，指向明晰。

2. 重点突出

这堂课重点是什么，师生都应胸中有数，明明白白。难点要突破，疑点要解决，特点要抓准，重点才能突出。立足于教材，延伸要适度。

3. 以生为本

从每位学生的个性得到充分发展的宗旨出发，课堂上真学、真思、真练、真会，学生的主体地位切实落实，教师的主导作用恰如其分，师生互动，交往自然、和谐、融洽。

4. 流程科学

课堂流程设计符合学生年龄特征及认知规律；教学流程符合学科逻辑，顺理成章。严谨流畅，疏密有致。

5. 注重内化

全面提高语文素养，课堂充满文化气息；内化、积淀、裂变、生成，文而不野，雅而不俗，活而不乱，情趣盎然。

6. 体现沟通

课内外、校内外、学科间、知行间相互沟通，有机整合。

7. 启迪创造

引导学生勤于思考，善于质疑，敢于发表独立见解，倡导创新思维方式；鼓励学生自主探究，培养合作精神。

8. 媒体得当

根据需要与可能，恰当运用媒体手段，常规手段与现代媒体各展其长，信息技术与学科课程有机整合，处理好手段与目标、内容与形式的关系。

9. 讲求实效

无论何种方式方法，无论什么理论模式，最终的检验尺度是学生质量。面向全体，因材施教，全面提高，效果显著。

10. 多元评价

对一堂课的评价应根据目标达成的要求，抓住关键，突出重点，综合评价。量化和客观化不能成为课堂评价的主要方式，应把教师评价、学生评价、家长评价、领导及专家评价相结合。

（三）贾志敏：好的课，要体现三个教学原则

1. 要以学生为本

时间是学生的，空间是学生的，是学生在学习语言，因此，学生理应是学习的主体。老师是为学生服务的，是配角，充分让学生进行听、说、读、写的语言活动，千万不能互换角色，本末倒置。

2. 要以训练为主

语言是一种技能。要掌握它，必须通过无数次的训练，要让学生听得清楚，说得明白，读得正确，写得流畅。本事是训练出来的，绝非"讲"出来的。

3. 要以鼓励为主

毋庸讳言，我们的母语是众多语言中不易学，不易掌握的语种之一。课堂上学生出现差错，产生困难是十分正常的。不去挖苦、讽刺，要多给学生以鼓励与帮助。鼓励学生不仅是种手段，也是一个教师思想的具体体现。

教学要环环相套，丝丝入扣，行云流水，滴水不漏，反之，课堂上松松垮垮，东拉西扯，哗众取宠，华而不实，是算不上一堂好课的。好的课，从感觉上来说，可用"累"与"不累"来区别：如若听课者始终被精彩的课堂教学活动所吸引，精神专注、积极投入，没有丝毫"累"的感觉，那么，无疑，这是一堂好课。反之，听者焦虑不安，惋惜不已，时而抬腕看表，时而交头接耳，等待着下课钟声响起，那么，这样的课是不能列入好课之列的。

（四）薛法根：简约之美——我的好课设计观

语文，承载着太多的"使命"：培养语感、发展思维、提高言语能力、丰富精神世界、传承民族文化……由此，语文课千头万绪，模糊一片，甚至失却了纯真的"语文味"！我以为"大道至简"，语文课必须返璞归真，体现一种"简约之美"，正所谓"简简单单教语文，扎扎实实促发展"。从教师的视角看，一堂好课应该这样设计：

1. 教学目标简明

一堂课彻底解决一两个学生切实需要解决的问题，真正给学生留下点东西，比浮光掠影、蜻蜓点水、隔靴搔痒的教学要有效得多。

2. 教学内容简约

课堂教学的时间是个常数，是有限的，学生的学习精力也是有限的。因此，选择学习的内容，特别是关乎学生终身受用的"核心知识"，就显得尤为重要。课堂，也不需要把什么都讲透了，留下点悬念和空间，就是给学生自由和发展。

3. 教学环节简化

语文学习本身是一件简单的快活的事情。我们没有必要设计那么多的学习环节，没有必要设置那么多的学习障碍（问题）和陷阱让学生去钻，没有必要搞得这么复杂、这么玄、这么深奥。比如：你是怎么体会到的？殊不知体会的过程本身是"只可意会不可言传"的。学生却因这种追根究底而感到恐惧，渐渐丧失了自己本应具有的探究精神。"勤师培养了懒学生"！这样的现象值得我们重视和深思！

4. 教学方法简便

简单意味着可以学习，是学生经过努力可以达到的。简便的方法、简捷的思路是为学生所喜欢，所乐意接受的。好方法是真正能为人所用的有效的方法。

5. 教学媒介简单

语文教学可以摒弃不必要的教学手段和教学技术，克服"浪费与作秀"。现代教学技术（多媒体技术）使用过度，也会扼杀学生语文学习过程中独特的体验和丰富的想象力。

6. 教学用语简要

课堂中除却了一切不必要的繁文缛节，省去了不必要的言说，就如同秋天的天空一样明净，让人有一种心旷神怡的感觉。简单的课堂，其独特的神韵就在于此！

其实，简单是一种教学中的大气度、大智慧！它来源于对学生真切的、真诚的、真实的爱；来源于教师丰厚的修养和教学艺术；来源于对教学生活的发现和深刻的认识！

（五）王崧舟：好课三味

第一味是"语文味"

一节好的语文课，首先得有"语文味"。语文味越浓，课就越好。语文课的最大问题，不是怎么教的问题，而是教什么的问题。语文课的最大悲哀是语文本体的淡化和失落。说句不太中听的话，不少语文课总是喜欢"红杏出墙""为人作嫁"。那么，什么是"语文味"？"语文味"就是守住语文本体的一亩三分地。语文的本体是什么？显然不是语言文字所承载的内容，即"写的什么"。而是用什么样的语言形式来承载这些内容，即"怎么写的"。语文要学的就是"这个"。语文味所指的就是"这个味"。具体来说，语文味表现在"动情诵读、静心默读"的"读味"，"圈点批注、摘抄书作"的"写味"，"品词品句、咬文嚼字"的"品味"。

第二味是"人情味"

一节好的语文课，必须得有"人情味"。这里的"人情味"有着三层意味：一是指语文课要有情趣，枯燥乏味、机械刻板的语文课注定不受学生的欢迎，不受学生欢迎的课能称为好课吗？二是指语文课要注重情感熏陶、价值引领，否则，语文课就会犯上"丧魂落魄症"，沦为"空心课"；三是指语文课要以人为本，充满人文关怀，对学生要尊重其人格，理解其要求，赏识其个性，激励其潜能，真正为学生的幸福人生奠基。

第三味是"书卷味"。一节好的语文课，最好还能有点"书卷味"。当然，这是我的一种个人偏好，或者说是我的一种风格追求。有的语文课，初看时满目繁花、流光溢彩，但细细体会，则味同嚼蜡，整个感觉就是缺乏内涵、缺乏品位。有"书卷味"的语文课，初听时可能不觉得怎样，但往往越嚼越有味道。有"书卷味"的语文课，充满浓浓的文化气息，内含丰厚的文化底蕴；有"书卷味"的语文课，儒雅、从容、含蓄、纯正；有"书卷味"的语文课，常常灵气勃发、灵光闪现，或在教学设计上别出心裁，或在文本感悟上独具慧眼，或在课堂操作上另辟蹊径。总之，有"书卷味"的语文课是大有嚼头的语文课。评课就是嚼课，好课必能嚼出好味。

有了"三味"的语文课必是一堂好课。

（六）张伟：做到三个"不唯"方始为"好课"

"好课"，顾名思义就是要超出一般，有个性，有"看点"，有新颖独到处，流于一般、四平八稳无所谓"好"课。"好课"应当有一个标准，这个标准我以为可以借用陈云同志的"不唯书、不唯上"，再加一个"不唯课堂"这样"三个不唯"来确立。

1. 不唯书

就是不唯高架的理论和教科书上的现成定论。《马背上的小红军》课文题目经修改后叫作《倔强的小红军》。一位教师为此在自己的课即将结束的时候设计了这样一个环节："比较两个课题，看哪个更适合于眼前的这位小红军。"经过激烈争论学生们得出了这样的认识："课文说到底就是为了谁'上马'，因为谁上了马谁就获得了生存的希望，反之将面对死亡。'倔强'反映的只是人的性格特点，是单层面的，小红军表现出的那种固执不上马，却不是性格使然，反映的恰恰是他'利在他人'的丰富的内心世界。最终小红军是上马了，但那正是他牺牲的时刻！'马背上'给人的是强烈的内心震撼，是'倔强'不能比拟的。"这样的课是好是坏显然是不言而喻的了。

2. 不唯上

就是不唯专家、领导和权威。这一点对中国的儿童显得尤为重要，几千年的封建文化对中国人的思维方式影响太大，应从娃娃抓起摒除"人治"思想。《黄河象》讲的是一头黄河象历经200万年形成化石的事。一位教师就以"200万年前的事科学家们也没见过，他们说的就一定是事实吗？"为题，引导学生以审视的目光来看待专家的结论，并按照教材提供的黄河象"脚踩着一块石头"的线索，引导学生展开逆推学习，不但自主地得出大象陷入河底和化石形成的过程，对科学家得出的结论也进行了验证。同是一样的结论，不是"唯"科学家而得，是在批判中建构，所得是多方面的。

3. 不唯课堂

好课应是能"透过墙壁看世界"的，应具有很强的开放性和延展性，它不能仅限于课堂，课本也"仅是一个例子"。好课的一个重要标志，就是能凭借课文中的一个点加以延伸转换，使之与课堂外、现实中的实际生活结合起来，通过实践性的活动，让学生生成和建构起一些新认知能力。如一位教师在教授完《我家跨上了信息高速公路》课文，抓住"信息"这一关注点，以"'卡通'世界"为线索，引导学生走出课堂，融入生活，以小组研究性学习的方式进行合作探究式的学习，深化了内容，开阔了视野，锻炼了能力，取得课堂内、书本上所难以取得的效果。

二、好语文课堂直观标准

语文教学的根本任务就是培养学生正确理解和运用祖国的语言文字进行思维和表达，以提高学生的语言、文化、思想、道德素养，促进学生的全面发展。

"语文是最重要的交际工具，是人类文化的重要组成部分"，"语文课程应致力于学生语文素养的形成与发展"。《语文课程标准》中提到的"语文素养"包括：字词句篇的积累，语感，思维品质，语文学习方法与习惯，识字写字、阅读、写作和口语交际的能力，文化品位，审美情趣，知识视野，情感态度，思想观念等内容。

语文素养不是靠分析出来的，而是主要靠读出来的、悟出来的，这已成为语文教师的共识。的确，琅琅的读书声，是语文课上最动听的声音！朗读是唯一不可替代的融通语言和精神的言语学习方法。老师高超的教学艺术，不仅反映在引导学生通过语感实践反复诵读，在认识上、情感上习得和积淀语感，而且更表现在引导学生从炼字的角度品味语言，思考这样的思想感情为什么用这样的语言文字，而不用那样的语言文字来表达的理由，从而懂得这样运用语言的所以然，掌握渗透着思想感情的、生动活泼的语言文字。

每位语文教师的责任和使命就是上好一节节语文课，培养提升学生的语文素养，完成语文教学的根本任务。什么样的课是好的语文课，名家们已经谈了很多。对于一线的语文老师，用感性的、直观的方法来认识或评价一节语文课的优劣，是最方便也最适用的。我们大致可以从以下几方面观察、评价一节语文课。

1. 一节好的语文课应该是富有"语文味"的

什么是"语文"？顾名思义，"语文"就是语言文字。语文课，要以语言文字为教与学的核心。一节好的语文课，应该重视培养学生学习母语的兴趣，使他们学会理解、品味、欣赏、积累与运用祖国的语言文字，并从中受到思想的启迪、情操的陶冶、感受到语言的魅力；应该紧紧围绕语言文字的训练来设计教学，使学生听有法度，说有理据，读有韵味，写有章法，书有形神，悟有情理，于听、说、读、写、书、悟的训练之中，全面提高语文素养。

2. 一节好的语文课应该是高效的

我们做任何事都要讲求效率。语文教学也不应例外。好的语文课应该目标明确，过程紧凑，效果良好。每个学生都学有所得。他们对语言文字的感受、理解、欣赏与运用能力有了最大限度地发展和提高。他们不仅增长了知识，培养了能力，而且在学习过程中产生了积极的情感体验及对学习语文的浓厚兴趣。

3. 一节好的语文课应该是生动的

所谓"生动"，正如贾志敏老师所说："让课堂充满活力。"教师用自己准确、生动、幽默、煽情的语言及高超的教学技巧，充分调动起学生学习的兴趣，使他们能主动求知，主动求疑，主动求异，主动求法，主动求博，整个课堂书声琅琅，议论纷纷，情意浓浓，笑声阵阵，动静有致，高潮迭起，师生之间、生生之间因言语的交锋及思想的碰撞而不时产生智慧的火花和情感的升华。

4. 一节好的语文课应该是人文的

人文，首先是指由教师端庄的仪表、亲切的笑容及和蔼的教态等所营造出来的一种宽松和谐的人文氛围；其次是指教师在教学中充满爱心、公平公正、面向全体、尊重个性、尊重差异、多维评价、鼓励表现的人文关怀；再次是指教师、学生与文本三者之间的对话中产生的种种独特的人文体验。好的语文课应在人文氛围中展开，在人文关怀中进行，在人文体验中深化。

5. 一节好的语文课应该是开放的

"开放"一是指教学观念、教学方法的开放；二是指教学资源的开放。语文教学要树立"大语文观"。一节好的语文课绝不仅仅只局限在课堂上，框死在文本中，而应在深入领悟文本意蕴的基础上，引导学生超越文本，超越课堂，把学生引向课外，引入广阔的生活，使学生学会广泛涉猎、大量阅读，学会关注时事、关注生活，从而积淀文化底蕴，增广知识见闻。

6. 一节好的语文课应该是创新的

"创新"就教师而言是指不因循守旧，拘泥成法，敢于标新立异，推陈出新；就学生而言则是指阅读作文不人云亦云，敢于怀疑、批判、反思与创造。一堂好课，要凸显教师独具特色的教学设计及鲜明独特的教学风格。同时，教师应重视培养学生质疑的习惯、批判的意识，激发学生的潜能，点燃学生创新的激情与愿望。师生思想上的碰撞与互促，使课堂不断闪现创造的火花。

7. 一节好的语文课应该是真实的

有许多语文公开课、竞赛课，教师在设计时就把追求完美作为一个重要的目标。为达到这个目标，课前训练学生的有之，课中"诱导"学生的有之。于是，教学变成了演戏。这是语文教学的悲哀。殊不知，真实的才是最动人的，真实的也才是最美丽的。虚假的美丽只能取悦于一时，真实的精彩方能恒久地打动人心。让语文课远离虚伪的美丽，永远焕发青春的活力与真实的生命力。

素质教育环境下的课堂教学，需要的是完整的人的教育。它的真正贡献不仅是让学生获得一种知识，还要让学生拥有一种精神，一种立场，一种态度，一种不懈的追求。一节好的语文课，应把实现课堂教学的最优化，让学生受益终生作为最高的追求。

第二章　反思教学设计

众所周知，一堂成功的课堂教学，必先有一个成功的教学设计。所谓教学设计，简单地说，主要是教师为达成一定的教学目标，对教学活动进行的系统规划、安排与决策。具体说来，教学设计是指教师以现代教学理论为基础，依据教学对象的特点和教师自己的教学观念、经验、风格，运用系统的观点与方法，分析教学中的问题和需要，确定教学目标，建立解决问题的步骤，合理组合和安排各种教学要素，为优化教学效果而制定实施方案的系统的计划过程。由此可以看出，教学设计的过程实际上就是为教学活动制定蓝图的过程。

通过教学设计，教师可以对教学活动的基本过程有个整体的把握，可以根据教学情境的需要和教育对象的特点确定合理的教学目标，选择适当的教学方法、教学策略，采用有效的教学手段，创设良好的教学环境，实施可行的评价方案，从而保证教学活动的顺利进行。另外，教师还可以有效地掌握学生学习的初始状态和学习后的状态，从而及时调整教学策略、方法，采取必要的教学措施，为下一阶段的教学奠定良好基础。从这个意义上说，教学设计是教学活动得以顺利进行的基本保证。好的教学设计可以为教学活动提供科学的行动纲领，使教师在教学工作中事半功倍，取得良好的教学效果。忽视教学设计，则不仅难以取得好的教学效果，而且容易使教学走弯路，影响教学任务的完成。

教学反思同样对于教学设计具有反哺作用。对于教学设计，教师应当从多方面反思教学设计的优劣：教学设计是否体现了新课程的理念？是否把握了设计的基本要素？目标设定是否准确？思路是否科学合理？策略是否得当？等等。

第一节　反思教学设计理念

　　传统的教学设计往往还停留在只考虑知识的重点难点的讲解和教学过程所安排的逻辑起点上。其实教学设计除要考虑以上问题，还应该体现对学习环境的创设、学习情感的培养、学习方式的指导和学习技术（策略）的关注。新课程理念要求教学设计要从关注学生为什么学，怎么样去学出发，来考虑教师教什么，为什么教，怎么样去教，直至学生学得怎么样等方面来考查和评价教学行为。可是，从目前初中语文教学设计来看，还存在着诸多的问题，如教学目标的设计过于强调认知；教学过程的设计忽视学生的主体性，没能给学生创设生动的学习环境，过于强调预设，忽视生成等。教学设计中的这些问题无疑会阻碍新课程的实施，而要改变这种状况，设计理念的改革是关键性的前提。反思教学设计首先就要反思该设计是否具备新课程理念。

一、教学设计应以生为本

　　以学生的发展为本，是新一轮基础教育课程改革的核心理念，该理念强调面向全体学生，着眼于学生的全面发展，尊重学生的个性差异，重视培养学生的完整人格。与新课程改革相适应，教学目标设计理念必须从知识本位转向以发展为本位。

1. 教师要"目中有人"

　　教师在进行教学设计时，首先要认真分析本学科对促进学生发展的独特作用，而不是首先盯在这节课教学的知识重点与难点上，不能认为学生是为学习这些知识而存在的。当然，这不是说不要传播书本知识，而是要使知识的传授服务于促进学生有个性的、可持续的、全面的发展。

2. 教师要有"全人"的观念

学生的发展是全面的发展，而不是某一方面的片面发展，是知识与技能、过程与方法、情感态度与价值观三方面的整合，是各学科课程目标的共同框架，并要落实到每一节课上，使学生的知识增长的同时获得人格的健全发展。

3. 注重个性发展

新课程将促进学生的发展放到中心位置，而每一个学生都是一个特殊的个体，在他们身上既体现着发展的共同特征，又表现出巨大的个体差异。教师不仅要承认差异，而且要辩证地看待差异，把学生的差异作为一种资源来开发。这要求教师在设计目标时要有一定的"弹性区间"，使每一个学生都学有所得，得有所长。

二、教学设计应注重学生的主体参与

新课程体系充分肯定学生的内在价值，注重学生学习的选择性和创造性，树立起"学生即目的"新理念。新课程与传统那种把知识当作客观的、一成不变的观念相反，它把科学知识看作是通过个人的经验和探索发现的，即认知个体在与周围环境相互作用中，逐步建构起关于外部世界的知识。学习过程，不是由教师向学生传递知识，而是学生自己建构知识的过程。学习者不是被动地接受信息，而是主动地建构信息。

与新课程改革相适应，教学过程设计理念必须从以教师的教为本，转变到以学生的学为本，真正确立起学生的主体地位。但强调以学生的学为本位，并不是否定教师在课堂教学中的地位，而是要明确教学设计首先是为学生的有效学习服务。这种观念要求教师设计教学做到：第一，把学生看作真正的学习主体，认真研究学生学习的实际起点，根据实际起点确定教学起点，为学生的学创造有利条件。第二，全体学生参与教学。教师在进行课堂教学设计时，要从不同层次学生的学习基础出发组织学生参与教学活动，使他们在原有基础上通过参与教学都有所发展。第三，要引导学生全身心参与。不仅是智力因素参与，非智力因素也要参与；不仅思维参与，其他感官也要参与。让他们主动地参与动眼观察、动耳听、动笔记、动脑思考、动手操作、动口讨论。如此，才能调动学生的学习积极性，使课堂教学焕发生命活力。

三、教学设计应注重自主合作探究的学习方式

自主合作课堂教学模式的实质是在课堂教学中，教师的主导作用与学生的主体都要充分发挥。其中教师主导作用是关键。教师主导作用发挥得好，则学生主体地位必然凸现出来，教师主导作用发挥不好，主体地位就得不到充分地体现。课堂教学中要体现学生的主体地位，绝对不能忽视教师对教学的主导作用。学生自主合作学习，不是取消教师责任。当然在教学过程中，教师的任务是"导"不是"讲"，学生的任务是"学"不是"听"是通过教师的巧妙引导，促进学生主动学习。

合作探究能发挥学生的主体作用，充分利用集体智慧挖掘集体合作的力量。培养学生在学习活动中的自觉性，主动性，独立性，创造性；掌握科学的学习方法和与人合作的技巧，使学生的自主学习能力，同人合作的精神得到加强，使学生从被动、封闭、沉闷的课堂中解放出来。乐学、会学、善用，养成良好的学习习惯，促进学生的健康发展。这种精神的培养主要通过完善评价机制来完成，通过学习习惯的培养来完成。

培养良好的学习习惯是一项战略工程，它对学生的终身发展至关重要，关系到学生自身价值的实现程度。学生可塑性很强，培养学生良好的学习习惯，首先要抓住关键期，尤其在初期要提高质量要求；其次，要持之以恒，把培养习惯贯穿于整个教学过程中；加强监管和引导，把课堂教学的流程向学生展示，要求学生完成的环节有检查、有评价、有奖励、有惩罚，对学生完成的环节要加强方法引导。

四、教学设计要注重动态的生成

新课程观认为，课程不再是承载特定知识的文本，即文本课程，而是学生生活世界的经验与体验，即体验课程；课程也不再是教学前的计划与目标，即制度课程，而是师生共同探求新知识的课程，即过程课程；课程也不再是由教材这单一因素构成的静态课程，而是教师、学生、教材、环境等多种因素相互作用形成的动态的、生长的建构过程。相应地，课堂教学也不再是忠实地执行课程的过程，而是师生共同实施、开发和创造课程的过程，是实现课程内容持续生成与转化、课程意义不断建构与提升的过程。因此，与新课程理念相适

应，教学设计必须体现动态生成性。

在进行教学设计时，教师就考虑到可能变化的情况，留下相应的空间，通过把弹性因素与不确定因素引入教学设计，使教学设计为师生课堂教学实践留出主动参与、积极互动和创造生成的空间。这种动态生成观应从教学设计的以下几个方面体现出来：第一，教学目标的设计应有灵活性。课程标准规定的课程目标作为一般要求，具有普遍性、基本性，但课程目标又有它的弹性。它必须鼓励师生互动的即兴创造，超越目标预定的要求。第二，教学内容的设计应有灵活性。新课程标准为教师留下了许多空间，新课程理念强调教材是范例，允许教师立足实际，着眼发展，依据教材但不拘于教材，从广度和深度上对教材进行再创造，加强教材与现代社会、科技发展和学生生活之间的联系。第三，教学过程的设计应有灵活性。教学过程的设计重在由何开始、如何改进、如何转折等全过程并联式策划，不是硬性规定步子大小，要求全班同步进行。为了达到新课程标准规定的学习效果，在教学过程设计上应有灵活性，以适应不同学习者的不同学习需求。

教学过程是多向互动、动态生成的过程。在这一动态的、变化发展的全过程中，必然会不断地产生许多学习信息。新课程导引下的教学设计，应从"静态设计"走向"动态设计"，从"固化设计"走向"弹性设计"，要求我们不要把心思只放在教材、教参和教案上，而更应关注学生在课堂活动中状态，善于抓住学生活动中的"错误点""质疑点""争论点""困惑点"等展开教学，这样就有可能更贴近每个学生实际的学习状态，让学生思绪飞扬、兴趣盎然，促进课程意义的生成和发展。如在教学《草船借箭》时，一位学生突如其来地提问："诸葛亮明明是'骗'来的箭，为什么课题用'借'呢？"上课教师没有因为有人听课尽量赶教学进度，而是巧妙抓住这个"争论点"，引导学生读书、思考、争论，最终认为了还是用"借"好，不仅深化了学生的认识，还给课堂带来了勃勃生机。

第二节　反思教学设计要素

教学设计一般包括以下几个基本要素：教学任务及对象、教学策略、教学过程、教学评价。任务及对象、策略、过程和评价四个基本要素相互联系、相互制约，构成了教学设计的总体框架。反思教学设计要关注该教学设计的基本要素的定位是否合理。

一、教学设计基本要素分析

（一）教学任务

新课程理念下，课堂教学不再仅仅是传授知识，教学的一切活动都是着眼于学生的发展。在教学过程中如何促进学生的发展，培养学生的能力，是现代教学思路的一个基本着眼点。以往教师关注的主要是"如何教"问题，那么现今教师应关注的首先是"教什么"问题。也就是需要明确教学的任务，进而提出教学目标，选择教学内容和制定教学策略。

1. 教学背景

教学背景分析是教学的起点。教学关注教师、学生、内容和环境等，那么，教学背景分析也要从这几方面去呈现在教学前的实际状况。首先，了解学生在知识技能上已达到何种程度，对于本内容的学习所需要的情感态度和学习方式都有哪些准备，等等。也就是从学生的原认知水平、认知态度和认知加工能力几个方面来认识教学对象。其次，对于本教学任务的完成，在环境的设置上，当前已经有了哪些准备？对教学媒体的设施和班级的设置，班级学习氛围等了解多少？在教学任务分析中，还需要进一步对教学的内容和学生在学习过程中的状况再做出更明确的分析。如《背影》一课，从小倍受宠爱的学生很可能认为父亲买橘送别事小，不值一提。讲解的时候就要注意避开对事件本身的谈论，着眼于对父亲爬月台的艰难，送别时的担忧等方面进行细致的分析，让学生从这些细微之处去感受细腻的情感。

2. 教学内容

教学内容是完成教学任务的主要载体。以往我们仅关注教材分析，教材的分析基本关注教学的重点、难点及考点方面，较少关注与学习教材内容有密切关系的认知和心理因素，以及教材对学生能力的要求，而对教学的重点和难点也只是阐述其内容，没有做进一步的分析。事实上，教学的载体已不仅仅局限在教材，教师在教学中对于教材应该二度加工，是一种再创造过程，因此，对教材也不仅仅局限在显性方面，不再仅是教材的分析，而是要对教学内容进行分析。要充分彻底地分析所教学的内容，应该针对培养目标，综合学生认知结构相互作用的形式、特点和规律以及知识结构图到学生学习能力因素及非智力因素等方面去进行学习重点、难点的分析。如《孔乙己》一文，主题深刻，语言含蓄，值得研究探讨的东西很多。如果仅凭学生现有的知识及思维方式，要达到迅速的领会作者材料安排的意图，是非常困难的。不如从人物入手，先提示学生找出能概括孔乙己特殊身份的一句话，抓住三个要点，联系此句话的前后内容，以此为阅读的突破口，化难为易。

3. 教学对象

学生是分析教学任务必须要考虑的因素，分析学生是为了帮助学生解决学习中的困难，完成教学任务。教学难点是根据教材的特点和学生的学习的思维规律和特点决定的，因此从学生实际出发对学生学习心理思维障碍分析，结合学情考虑学生在学习此内容时的心理特征及遇到的困难是很重要的。

（二）教学策略

所谓教学策略，就是为了实现教学目标，完成教学任务所采用的方法、步骤、媒体和组织形式等综合性方案。可以从以下几个方面去加以考虑。

1. 教学组织形式

由于学生主动探究、合作学习的方式的增加，传统的单一的课堂组织形式显然不能适应新的教学要求，出现了探究学习、合作学习、自主学习等发展学生学习潜能的课堂教学组织形式。因此，符合新课程理念和教学目标要求的新的课堂组织形式，也成为教学设计不可忽视的一个要素。在自主学习中学生的主动性、自主性和创造性的发挥，探究学习中学生对于问题情景的体验和问题解决的结论论证，合作学习中师生、生生间的交流等，都不可能用以往的授课组织形式替代。

2. 教学方法

教无定法，教学有规。面对多种多样的教学方法，哪些是教学设计中应优先考虑的方法？这些方法又该如何有机地结合在一起？这些都是制定教学策略的基本问题。虽然，教学方法灵活多变，但是教学还需遵循一定的规律，一般认为应该根据教学目标、学生特点、学科特点、教师特点、教学环境、教学时间、教学技术条件等诸多因素来选择教学方法。此外，除了需要依据一定的原则，还需要考虑适当的选择程序。应避免以下问题：第一，对学法不重视。既然教学是"教"与"学"的双边活动，就应该既包括教法也包括学法，但是，目前的教学方法很多是仅从教师活动来说的。第二，教学方法的设计过于一般化，缺乏针对性。如"讲解"和"讨论"，"归纳"和"演绎"等。第三，对信息技术条件下的教学方法缺乏研究。信息技术条件下的教学，不可能完全照搬已有的教学方法，这是没有人能够否认的，但是，在信息技术条件下的教学方法到底有哪些？很值得我们做进一步的探索。

3. 学法指导

（1）制定促进学生主动学习的教学策略。促进学生主动学习的教学策略把调动学生的内驱力放在首位，重在诱发学生的学习动机，激发浓厚的学习兴趣，形成积极的学习态度和良好的学习习惯，努力营造一个宽容的课堂学习环境，让学生置身于民主的、愉悦的课堂氛围中放飞思维。

（2）制定促进学生自主学习的教学策略。教师要关注教学过程的问题化，从学生的经验、生活出发，创设一定的问题情境，引导学生发现、分析、解决问题，为学生的自主发展提供时间和空间；通过组织多形式、多层次的课堂讨论、交流、辩论、竞赛等丰富多样的活动来充实教学过程。

（3）制定促进学生创新学习的教学策略。教学设计中要考虑让学生学会质疑，善于发现问题、思考问题；学会探究，乐于进行研究性学习；学会评价，敢于发表不同意见和独特的见解。

4. 教学媒体

媒体可以是作为教学环境设计的一个部分，也是教学活动中教学呈现的一种载体，他们不是独立地存在于教学之中，而是与教学方式结合在一起成为教学策略的主要因素。但是我们也不难发现对媒体运用设计存在的问题，如：所选择或制定的教学媒体与本节课的主题联系不当、华而不实、喧宾夺主引起注意的混乱，从形式上看很生动、很美观，而内容却无助于学生认知能力的发展等等。板书作为传统的常规的媒体在我们的教学中还应该有一席之地，而且还占有相当大的比重，所以在设计媒体时千万别忽略、忽视了对板书的设计。

（三）教学过程

教学过程是课堂教学设计的核心，教学目标、教学任务、教学对象的分析，教学媒体的选择，课堂教学结构类型的选择与组合等，都将在教学过程中得到体现。怎么样在新课程理念下，把诸因素很好地组合，是教学设计的一大难题。

教学设计是以目标导向的，在教学过程中，对于目标的达成与否是在教学过程中通过不断的反馈调控来实现的。而预期效果的设计便是实现反馈调控的一个关键的手段。另外，教学设计的目的是能够使教师在目标指引下理性地进行教学，因此，对于每一环节中的教学目的也应该有充分的认识，所以在过程设计中，增加教学目的这一要素。教学过程一般包含导入环节，新知呈现环节，能力训练环节，知识拓展环节，巩固练习环节，再加上总结环节。每一个环节的设计都要有目的性，希望通过哪些步骤，哪些问题，哪些策略，达到怎样的目标，完成怎样的学习任务。

自然，教学过程也会因学科不同而有所差异。对于语文学科来说，新知呈现，往往是通过先阅读、了解、感知文本内容或相关资料，而后分析、提炼、归纳、概括、探讨、体会、品味、鉴赏、比较等行为，感受、领悟文本的语言之美，情感之美，思想之美，学会运用某种知识或能力，从而提升语文素养。

（四）作业设置

作业是教学设计的重要一环。作业能有效反馈知识点的掌握情况，有助于知识巩固与内化，有助于拓宽学生的思维，为继续学习奠定基础。要使课堂作业设置具有有效性，就必须得根据学生实际情况和授课内容进行合理设计。

1. 准确把握作业的难度和梯度

作业以促进学生的发展为目的，要让每个学生通过作业都得到不同程度的发展，就要根据学生的实际，把握好作业的难度，设置好不同的梯度。在一些老师展示的公开课上，要么担心教学任务完成不了，有意把作业设计的难度降低，失去了作业的实际意义；要么为了体现自主探究的精神，课堂作业设计难度很大，超出学生认知的"最近发展区"，使绝大多数同学失去了一次自我发展的机会和学习的信心；或是作业设置没有梯度，没有考量学生的差异性，致使作业有效性大幅降低。

2. 作业内容要立足"文本"

课堂作业设置必须以紧扣文本为前提，以教师和学生的实际情况为参照条件，进行精心设置，尤其是现在材料泛滥的情况下，教师更要明辨优劣，有选择地借鉴吸收，决不能拿来就用。以文本为立足点，让学生练习到应该练习的东西，这样才能确保作业与课堂教学目标的一致性，从而确保作业内容的有效性。总之，教学有没有效率，并不是指教师有没有完成教学内容或教得认真不认真，而是指学生有没有学到什么或学得好不好。我们的语文要达到有效教学，归根结底就是要从学生的立场出发，从学生的实际情况出发，这样的教学工作才能真正"有效"。

为了让每一个学生的学习都能有所得，需要教师精心设计优化语文作业。让学生通过作业练习，巩固课堂教学要求掌握的知识、技能，进一步激发学习兴趣、开发智力、拓展知识面、点燃创造思维的火花，培养独立分析问题和解决问题的能力，促进提高课堂教学的有效性。

（五）板书设计

板书是教学设计的重要一环，也是课堂教学的有机组成部分。优秀的板书是课堂教学内容和程序的精炼化、艺术化、系统化的呈现过程，它犹如一篇"微型教案"，能够将作者的写作思路和教学过程清晰地显示出来。其作用主要表现为：

1. 呈现教学内容，彰显教学重难点

教师备课要有明确的意图，要突出教学重难点。如何明确教学意图，突出教学重难点？这需要师生游走于文本之中，需要师生双方的思维碰撞，更需要借助于教师合理、适宜的板书。比如，有教师对朱自清《春》的板书设计就很有特色：

盼春：盼望、春近

绘春：山水、太阳（春草图、春花图、春风图、春雨图、迎春图）

颂春：像娃娃（新）、像小姑娘（美）、像青年（有活力）

2. 深化主题，形象直观

好的板书通过对课文内容的准确归纳，不但能还原作者对文本的建构，还能揭示文本的主旨。如朱德的《回忆我的母亲》的板书：

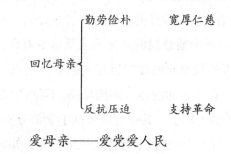

3. 提纲挈领，简洁明快

把简要的文字、符号、图表呈现给学生，教学思路一目了然，教学节点画龙点睛。如此方能使学生理解文意、把握文旨。比如，同样是朱自清的《春》，有老师的板书为：

盼、迎、绘、颂——春

古人云："善歌者使人继其声，善教者使人继其志。"独具匠心的板书，既能引起学生的注意力，又能激发学生的学习兴趣。它对陶冶学生的性情，启迪学生的智慧有着不可或缺的作用。

（六）自我评价

教学设计，首先能够促使教师去理性地思考教学，同时在教学元认知能力上有所提高，真正体现教师与学生双发展的教育目的。为了实现这一功能，教学设计的自我评价是教学设计一个不可缺少的因素。教学设计的评价，可以通过两条途径进行。一是在设计完成之后设计实施之前，对自己的设计进行预测，这样能够帮助设计者在设计的实施过程中更好地应对各种突如其来的教学事件，更好地在教学活动中进行设计的二度创造。二是在教学活动之后进行的教学设计的评价，目的在于总结设计的得与失。理论上再合理的设计只有经过实践检验才能真正有效。所以，只有通过这样的反思性评价的设计，才是一个完整的、成熟的和有效的设计。

二、语文教学设计的组成要素

教学设计是根据课程标准的要求和教学对象的特点，将教学诸要素有序安排，确定合适的教学方案的设想和计划。一般包括教学目标、教学重难点、教学方法、教学步骤与时间分配等环节。

一份完整的语文教学设计包括：

（1）课题：这是语文教学设计的主题。

（2）教材分析：分析全册教材的总体要求及基本内容，接下来就是要进行单元教材的分析。分析的是单元的教学目标及教学重难点，了解整个单元的教学内容在全册教材总体要求下的编排、结构思路。当然如果只作为一课的教材分析，只需要简要分析就可以了，其中应该包括了学情分析。

（3）教学目标：目前常见的教学目标是三维目标：知识与技能目标，设定本节课学生应该学习的知识内容及学习的程度；过程与方法目标，设定本节课的学习能使学生哪些能力得到提升，哪些技能得到掌握；情感态度与价值观，设定本节课学习内容对学生意志、品质的锻炼与培养。

（4）教学重难点：教学重点就是学生必须掌握的基础知识与基本技能，是基本概念、基本规律及由内容所反映的思想方法，也可以称之为语文学科教学的核心知识。教学难点是指学生不易理解的知识，或不易掌握的技能技巧。

（5）教学方法：包括讲授法、谈话法、讨论法、读书指导法、演示法、参观法、练习法、实验法、实习作业法、陶冶法、发现法、探究法等。

（6）教学准备：这里主要指的是准备教学材料。

（7）课时安排：这个教学设计安排几个课时。

（8）教学内容及过程：整个课堂教学设计的主要流程，导入、新授、拓展、总结等。

（9）学生作业：根据教学目标给学生的课堂和课后作业。

（10）板书设计：根据教学的需要组成一个有机联系的板书整体。

（11）教学反思：总结经验教训，进一步提高教育教学水平。

第三节　反思教学设计策略

教学设计就是上课前的备课准备，它是一节课成功与否的前提，唯有课前准备充实，课上才能游刃有余、举重若轻。

教师在备课时，要思考清楚以下四个问题：一是教什么，既要分清教材中哪些是基本事实，哪些是基本的结论，隐含了什么研究问题的方法，经过了怎样的研究历程等；又要分清楚哪些是学生已掌握的内容，哪些是学生自学能学会的内容，哪些可能是学生学习的难点，要了解学生还想知道什么，想知道的这些问题同学们能否通过互相帮助来解决等；二是为什么教。要明确所教的目的，学习这些内容有什么实际应用，能解决哪些实际问题，培养学生什么能力等；三是怎么教。根据学生思维的线索设计什么样的程序，提出什么样的导学性问题，怎样引导分析总结结论及方法，怎样进行反馈矫正等。四是教的怎么样，通过问题设计和作业设计来验证教的效果。

怎样在一篇教学设计中科学的灵活的解决好这四个问题，就要借助于有效的教学策略。所以，反思一篇教学设计还要反思教学策略的运用是否具有优化作用，是否有助于完成教学目标。

一、定好教学目标，明确教学方向

一节好课评价的标准应该是多方面的，其中学生课堂上学得了什么，习得了什么，有怎样的提高，一定是评价的重中之重。所以教学设计中的首要任务就是定教学目标，定教学目标就是要解决"教什么"的问题。

一节课的教学目标应该具体清晰，可观察可检测，模糊不具体的目标很难带给学生学习的成就感。我们说条条大路通罗马，可"罗马"在哪里？是怎样的美好？人们不得而知，那么这句话还能激起去"罗马"的愿望吗？所以应将

"罗马"清晰起来。

据说，在通往阿尔卑斯山的公路上，常有路牌提示：此处风景优美，请注意欣赏。明确教学目标，就像那块路牌提醒游客停下脚步细细欣赏一样，要告诉学生哪些是学习的重点，哪些知识是学生必须理解掌握的，明确学习任务。

教学目标是教学设计万变不离其宗的核心，一定要直指文本的重点内容。如果教学目标忽略了文本的重点内容，教学设计再标新立异，都算不上好。

课例一：听过一节公开课《白雪歌送武判官归京》，教师定的学习目标之一是体会一场黯然销魂的别离。我们知道诗歌学习要知人论世，这首诗是盛唐边塞诗的代表作之一，无论是写景还是抒情，都渗透着盛唐昂扬向上的气象，纵是别离亦是壮美的。所以该课对诗歌主基调的把握就失之偏颇，这种类似方向性的错误的出现乃是教学的大忌。

课例二：还听过一节公开课《春酒》，也是明显感受到教学目标设定有问题。四十分钟的课，前二十分钟导入，对文本进行默读，内容提炼、情感探究；后二十分钟，推荐朗读余光中的《乡愁》，比较两文的异同点。课文《春酒》只安排了读一遍，《乡愁》倒是读了三四遍。《春酒》的教学重难点目标应该是引导学生通过品析语言承载的美丽乡愁，感受琦君的故园之思。可是这节课从时间的分配上就可以看出学生只是整体感知了课文内容，语言的品味鉴赏根本没有落实。文本尚未读透，就急着去做比较阅读，致使文本应该有的学习任务架空，这样的拓展不要也罢。当然，相关内容的比较阅读是可以有的，但不应该是本课的重点，不能过多挤占文本阅读的时间。否则就是本末倒置，主次不明。

课例三：曾看过一篇关于《端午的鸭蛋》的教学设计，教学目标有三：1.感知课文内容，把握作者的思想感情；2.了解端午相关知识，感受文化意味和民俗风情（重点）；3.品味课文平淡自然而有韵味的语言，了解作者闲适自由的语言风格（重难点）。围绕教学目标2设计的教学过程是这样的：从文化传统角度介绍端午命名的由来，接着介绍端午节的由来，然后再介绍各地的端午民俗文化。显然这节课的学习重点之一就是了解传统节日的相关知识了。但是作者行文的目的显然不是这样。认真研读文本的老师都知道，作者用了大量笔墨回忆家乡高邮端午的各种风俗，其用意是抒写对儿时生活的怀想和留恋，对故乡的热爱和眷恋之情。所以，恰当的教学目标应该是引导学生通过了解故乡端午的民俗，体味民俗背后的童心童趣，感受故乡的民风民俗之美。很显然，这位教师的教学目标定位不准确，把文本的外延拉得太大，偏离了这篇课文的学习主线。

教学目标是一节课的教学方向，如果教学目标定位不准确不明晰，学生的学和教师的教都会陷入盲目，课堂的随意性和无效性概率就会大大增加。所以，备课时每位教师唯有深研教材把握文本核心内容，才能确定好教学目标。只有解决好教什么的问题，我们的课堂教学才会主线分明，方向正确。

课堂教学要加强教学目标的整体性设计，明确教学任务。注重从传授知识向培养能力、提高素养转化，让学生在学习知识的过程中，掌握科学的学习方法，形成良好的学习态度和正确的价值观，让课堂焕发出生命的活力，实现知识与技能、过程与方法、情感态度与价值观三维目标的和谐统一。

二、取舍教材，精炼教学内容

笔者认为，理想的课堂应该是简约而丰厚的，简约的是内容，丰厚的是收获。

客观地说，课堂教学必须具备一点的容量，但课堂绝对不是一个无形的、足够大的"筐"，不能什么都往里装。新教师由于对教材的把握不到位，容易把能和教学扯上关系的，都牵进课堂，这样的课堂无疑是"跑调"的课堂，也无疑是繁杂的课堂。因为课堂教学的容量至少包含着两个方面的内容，课堂教学不能只关注传授知识的容量，而忽视思维的容量。课堂教学的简约，就是要以更精炼的内容承载更深刻的思维，而绝不是以庞杂的内容来淹没学生的思维。因此，教师必须围绕教学的目标，抓住教学的重点难点，以锻造思维为核心，取舍教学的内容，以凸显教学的主题。

适当吸纳一些其他知识进课堂是可能的，也是必要的，但要有度，要分清主次，不能顾此失彼，要摆正关系，不能喧宾夺主而冲淡了课堂教学的主题。删繁就简一枝花，如果对课堂教学的内容不加选择与整合，事无巨细，按部就班，全线出击，寄希望于全面开花，那么一定会使课堂教学陷于庞杂琐碎、主次不清、重点不明的境地。

课堂教学要简约，内容的取舍要精当。什么地方该讲，什么地方可以不讲，什么地方该用繁笔重锤敲打，什么地方该用简笔走马观花，要了然于心，因为一节课绝无解决所有问题的可能。即使一节课只解决了一个问题，只要解决得好，学生有了收获有了成长，这无疑仍然是一节好课，一节简约而不简单的课。

课例：九年级语文课本中节选了刘绍棠《蒲柳人家》，着重介绍一丈青大娘和何大学问两个人物，有6000多字，学生认真读一遍，要20多分钟，老师们通常上的时候会用2-3课时。但是在一次职称评审时要求用一课时上完，当时很多教师没上完课或者是匆匆忙忙走马观花似的上课。但有一节课令笔者印象深刻，那位老师只让学生细读了第一部分，然后有条理的带领学生分析人物形象和人物塑造的方法，将一丈青大娘的形象很立体地呈现在学生面前，最后留了一个作业，要求学生根据课堂上学习的分析人物的方法自己分析何大学问的形象。此种设计大胆取舍教材，以点带面，既教会了学生方法，又训练了学生的能力，教材学习的重点难点都有效突破，可谓举重若轻，非常巧妙。

三、整合思路，清晰教学主线

课堂教学遵循的是线性原则，如同两点间的一条线段，是一个由起点迈向终点的直线行进过程。教学内容的琐碎零乱，必然带来教学思路的交错紊乱；而教学思路的交错紊乱，又必然造成教学主线的模糊不清。教学实践中，有些课堂纵横捭阖、洋洋洒洒，貌似内容丰富、容量很大，实则鸡零狗碎、没有主题。课堂教学千头万绪，倘若缺少了串珠的那一根主线，结果只能使本来应该清晰显现的教学主线淹没于琐碎而庞杂的内容之中。为什么就不能像鲁迅笔下的孔乙己那样"显摆"地"排"出"九文大钱"呢？

与其将课堂教学内容的"九文大钱"散乱堆放于地，不如像孔乙己那样用心地去"排"一"排"。而这个"排"的过程，就是整合教学思路的过程，就是清晰教学主线的过程。课堂教学不是写小说，一般不能"多头并进"。成就简约，就要围绕教学的目标、重点难点和思维训练点，理顺教学的思路，去构建课堂教学的纲，以教学主线之纲带动教学内容之目。因为纲举方能目张，唯有一纲在手，才能瞻前顾后、居高临下，课堂教学才能少走甚至不走弯路、岔路、回头路；没有了纲，目就失去了依附，教学内容就容易成为"一堆散钱"，就容易散，就容易乱。

比如：学习《孔乙己》，笔者就设计这样的问题：揭示孔乙己特殊身份的一句话是什么？（孔乙己是站着喝酒而穿长衫的唯一的人），结合课文内容说说这句话反映了孔乙己怎样的社会地位，他最后的悲剧是必然的还是偶然的，理由是什么？这句话则为纲，孔乙己的诸多小故事则是目，只要抓住这句话分析，很容易就能体会孔乙己尴尬的社会地位，深受封建科举制的毒害，以及悲剧命运的不可避免。

四、设计流程，顺畅教学结构

有些课堂的结构不够清晰，主要是对课堂结构缺少规划意识、谋篇意识、结构意识和流程意识，对于课堂教学围绕主线应该带出哪些内容、需要有哪几个环节、教学的先后次序怎样安排等等，缺乏一个设计和反复比较的过程。有的只是内容的呈现，残缺的是筛选和串联。

课堂教学应该有两条链子：一是教材链，二是教学链。从内容来看，教材是课堂教学的一个最重要的载体，是实施教学的抓手，但教材所体现出来的知识、思维和能力的结构，不应该完全成为课堂教学的结构。实践中，课堂教学更多的可能不是严格按照教材的先后顺序来按部就班地、机械刻板地进行教学，而是根据教材链来精心打造教学链。

所以，教师还需要对教材进行必要的解析、归纳和整理，教师要工于规划，精心设计教学的流程，从而打造出顺畅而合理，能够为我所用且得心应手的教学链。变教材链为教学链，这个过程，既是一个打乱重组的过程，更是一个提炼优化的过程；合理的教学流程是使教学的主线更清晰，教学的结构更顺畅的过程，可以有效地避免教学内容的琐碎和零乱、教学环节的机械和重复，从而实现课堂教学简约的目的。

比如：语文课的学习，老师们很爱用这样的思路"读—品—悟"，读课文感知内容，品味人物、语言、写作手法，感悟文章内涵，这就是一个教学链。

课例：教学《五柳先生传》，一位教师用了这样的思路，非常高明：遇先生（读课文，理解课文内容）—识先生（先提问：作者多次使用"不"字介绍先生，找出相关句子，说说这是怎样的一位五柳先生？接着，通过具体的句子："不知何许人也，亦不详其姓字"；"闲静少言，不慕荣利"；"好读书，不求甚解"；"性嗜酒，家贫不能常得"；"既醉而退，曾不吝情去留"；"环堵萧然，不蔽风日"，呈现先生的性格特征、兴趣爱好、生活状况，明确先生是一个不慕荣利、安贫乐道、超脱世俗的人）—悟先生（提问：陶渊明是怎样评价先生的？不戚戚于贫贱，不汲汲于富贵。）—想先生（在今天看来，你认为先生是该出世为官还是入世归隐？）教师通过这样的简约教学链将这篇经典文章披文入情，把丰厚的意蕴呈现给学生，并引发学生们的深入思考，既学习了知识，又涵养了人文情怀。

五、突出重点，精简教学环节

我们备课时经常要查找翻阅各种参考资料、优秀教案，然后觉得张老师言之有理，李老师的创意也不错，因此总是想办法将这些闪光点挤在一起塞给学生。结果课堂气氛热闹多了，课堂活动内容丰富多了，但是，在教学效果的检测中却发现许多重点和难点学生都没有吃透。课后与几位同仁闲聊，发现大家都有类似的感受，于是，笔者在进行教学设计时常常反问自己：教学环节是否过于饱满？听说读写的训练活动一个接一个是否合适？是否挤占了学生思考质疑的时间？学生读书的时间，吃透文本的时间是否足够？

课堂评价的标准不在于教师展示给学生多少知识，而是学生在课堂上习得了多少知识，新课程很重要的一点，就是更加强调课堂的有效性，强调深入到学生的认知世界，通过自主学习过程，给他们深刻的体验。从这个角度上说，适当减少某些环节，把另外一些环节做透、做细，学生的收获可能会更大些。所以，相对于以前注重的量，教学的质就应该成为关注的焦点，一个形象的比喻就是给学生一把半熟的芝麻，不如给他们一个烤熟的红薯。

我听过一节语文课《狼》，教师使用多媒体辅助教学，整堂课展示了近40页的幻灯片。从狼的物种介绍，到关于狼的成语，狼的课文朗读、读音、节奏、情感，重点字词识记，重点句翻译，小说情节梳理、人物形象分析、主题归纳等，最后介绍了自然状态下的狼的生活习性，提出思考题：蒲松龄笔下的狼和自然状态下的狼是如此的不同，这种差异引发了你怎样的思考？引导学生学会辩证地看问题，用公正、客观之心评判，切忌主观臆断。每一个环节单独看似乎都有学习的价值，都是学生应该了解或掌握的知识点，但太多的幻灯片，过多的教学环节冲淡的文言文学习的重点，整堂课给人的感觉就是节奏太快，老师引领着学生马不停蹄地进行一个又一个环节的浏览。对，是教学内容的浏览而不是学习。40分钟的课堂，差不多1分钟变换一张幻灯片，学生注意力、兴趣点不断被分散，根本没有足够的思考问题、消化知识的空间。这样的课堂，教学内容看似全面，实则每一个内容的学习都是浮光掠影式的，落不到实处，重点不突出，难点无突破，教学目标根本不可能实现。

好的文章要重点突出，主次分明，课堂教学也是如此。一堂语文课，一定要围绕重点内容，精简教学环节，主次分明。大的教学环节无非要扣住阅读、思考、表达进行设计，最好不要超过4个，不必求全。切记：面面俱到，反而面面不到。

六、创设氛围，建构学习情境

新课程的重要理念之一是倡导建构学习，改变课堂实施过于强调接受学习，死记硬背机械训练的现状，倡导学生主动参与、乐于探究、勤于动手，培养学生收集和处理新信息的能力以及交流与合作的能力。它要求教学策略的设计以"知识建构"为核心，为知识建构提供良好的环境和支撑，也就是为学生建构知识创造一种情境性的和协作性的学习环境，从而使他们在建构过程中获得发展。

1. 创设问题情境

通过创设多种形式的教学情境，作用于学生的学习心理过程，使学生获得个体生命的体验，并在体验的基础上获得发展。教学情境的设计主要有以下两个方面：一要创设真实的情境。所谓真实的情境，就是学生在实践中学习知识的场所和条件。例如，在进行《土地的誓言》教学设计时，可以先通过文字或视频资料介绍"九一八事变"，展现日本人犯下的累累罪行和东三省百姓遭受的苦难，营造氛围，激起同学们感同身受的悲愤之情；再通过文本阅读，同学们就很容易理解作者深沉炽热的爱国之情。二要创设问题情境。所谓问题情境，就是在教材内容和学生的认知结构之间制造一种不协调状态，从而把学生引入一种与问题有关的情境中，使学生产生认知冲突，激起学生的求知欲和好奇心，使他们积极主动地探索问题、解决问题，从而获得分析问题、解决问题的能力，并形成良好的学习态度。例如，在进行《散步》的教学设计时，可以这样创设问题情境：你认为一个家庭幸福的关键要素是什么？谁是《散步》这个幸福家庭的关键人物？通过两个问题将学生的生活经验和文本探究有机的结合起来，很好地调动了学生探究文本的积极性。

2. 设计协作情境

学习是一种社会性活动，师生的交往互动是促进学生学习的基本途径。学生个体以其原有的经验、方式、信念为基础进行学习，对同样的现实问题会有多样化的理解，而理解的差异本身就是一种宝贵的教育资源。共享与交流对同一问题的不同看法，并在此基础上达成共识或谅解，就是一种广泛、深入而有效的学习。在设计时，教师应安排学生进行小组学习，鼓励小组活动，促进信息交流、创造条件，使学生有机会相互交流，发表自己的意见，倾听他人的观点。

七、纲举目张，优化问题设计

课堂教学问题设计是教师在分析课程、分析教材、分析学生具体情况的基础上，策划有利于激发、启迪学生思考、发现并提出问题的情境或状态，并由这种情境或状态所外化（经过学生一定的思考）出来的策略方案。

有人说："一堂好课往往起源于一个好问题。"教学问题是课堂教学的心脏。问题是思维活动的起点，问题设得实，设得巧，不仅能"传道、受业、解惑"，而且能激发学生的求知欲，调动学生的积极性，点燃学生思维的火花，开掘学生的创造潜能。因此，好的问题能带动一堂课，好的问题需要设计，一定要有效设计。

教学问题设计可以说是一篇教学设计的精华所在。问题设计的常用策略如下：

策略一：问题设计的整体性

黑格尔在美学讲演中通过典型的事例精湛地表达了他的整体观："割下来的手就失去了它的独立存在，就不像原来长在身体上时那样，它的灵活性、运动、形状、颜色等都改变了……只有作为有机体的一部分，手才能获得它的地位。"问题设计要紧扣教材内容，围绕学习的目标要求，将问题集中在那些牵一发而动全身的关键点上，以利于突出重点、攻克难点。同时，组织一连串问题，构成一个指向明确、思路清晰、具有内在逻辑的"问题链"。这种"问题链"体现教师教学的思路，打通学生学习的思路，具有较大的容量，让学生从整体上形成理解框架和概念网络。若没有整体的观念，所设计的问题往往零碎、杂乱，难以给人留下深刻的印象，课堂节奏也显得不明快、不清晰。

例如教学剧本《天下第一楼》时，可以围绕"戏剧冲突"这个核心来设计系列问题：本文的戏剧冲突有哪些？本文的戏剧冲突是围绕什么展开的？文中哪句话最能概括本文的戏剧冲突？结合课文内容，说说你对福聚德的衰落原因的认识。顺着这几个问题，学生很容易就明白了，"一个人干，八个人拆"，"福聚德"真正衰落的原因是勤劳务实的人与东家少爷、克五这样混吃混喝的人的矛盾，是平民与欺压平民的官僚之间的矛盾。于是由一个酒楼的个案上升到对整个社会黑暗大环境的认知。

策略二：问题设计的启发性

"孔子曰：不愤不启，不悱不发，举一隅不以三隅反，则不复也。"（《论语·述而》）从这里我们可以看出，课堂提问并不是从始至终问到底的，而是要把握"问"的时机与火候，在学生经历了"愤"的过程后，教师才能"启"。因此教师在课堂上必须致力于提高"问"的艺术，其中最重要的是提出的问题要能启发学生思考，它是提问的价值所在。在内容上，教师设计的问题应符合学生的"最近发展区"，使他们在课堂上始终处于"跳一跳能够着"的境地，这样学生思维才能积极起来，并向纵深发展。在形式上，教师要从教学目标出发，更多地设计一些发散性问题和探索类问题，问题的答案不唯一、不确定。

例如，在赏析岑参的《白雪歌送武判官归京》一诗时，笔者要引导学生理解唐代边塞诗昂扬向上的乐观主义精神。这样提问：从诗歌的咏雪部分能看出边塞军旅生活的艰苦，但是诗人流露的情感非但不悲苦郁闷，反而充满了一种浪漫主义情怀，请结合名句"忽如一夜春风来，千树万树梨花开"，来分析一下唐代边塞诗的精气神。在问题的导引下，学生的思考很容易就达到两个层次，一是诗句本身的品词炼句，二是诗句包含的情感。这两句是诗人由眼前的景色而展开的联想：望着披上银妆的树木，诗人忽然觉得自己好像已置身于大好春光之中，那强劲的春风，一夜之间竟吹开了这千树万树的梨花，一个"忽"字，不仅表现了边塞气象变化的神奇，而且传达出诗人赏雪时的惊喜心情。比喻新奇贴切，把雪比作梨花，以春景写冬景，形象而生动写出了边塞特有的奇异风光，和诗人的惊喜之情，也写出西北严酷的自然环境中透出的诗人高昂的乐观主义精神，这也是唐代边塞诗普遍存在的情感。例如"黄沙百战穿金甲，不破楼兰终不还""宁为百夫长，胜作一书生"等等，无不昭示着积极进取、乐观向上的盛唐气象。

策略三：问题设计的层次性

德国哲学家莱布尼茨说过，"世界上没有两片完全相同的树叶。"表明了差异性的普遍存在。不同学生的基础不同，思维方法也不同。因此，教师在设计问题时，不仅要考虑到教材内容，而且还应该结合实际，充分考虑学生的差异性、层次性，尽可能根据学生的不同水平设计不同层次的问题，让全体学生都有参与体验的机会。所设计的问题要难易适度，既要符合学生的认知水平，又要有一定的思维负荷，问题过难，超越了学生的认知水平，学生就会感到望而生畏，丧失回答问题的信心和勇气；问题太易，低于学生的认知水平和认知能力，学生无需思考即可唾手可得，又失去了提问的意义。所以教师提问应避免那些一"问"即"发"的浅问题和"问"而不"发"的难问题。一般而言，问题的设计应以班里中上等学生水平为基础，这样既有利于激发、维持优良水平学生的积极性，又有利于促进中下等水平学生向优良水平靠拢，从而提高全体学生参与的积极性和主动性。同时，问题的设计应由易到难，由简到繁，由小到大，层层推进，步步深入。《礼记·学记》中载："善问者以攻坚木，先其易者，后其节目（善于提问的人，像木工砍木头，先从容易的地方着手，再砍坚硬的节疤一样）"，说的就是这个道理。

例如，《故乡》如果这样设计问题：从人物形象角度谈谈扭曲的社会形态下扭曲的人性，或是封建礼教对人性的毒害，或是旧社会制度下知识分子的良知与追求。这些虽然是文章要探讨的主题之一，但直接让学生分析，学生肯定一头雾水，毕竟对初中生来说，这些话题太深奥了，很容易就打退堂鼓了，只等老师来讲了。我们可以这样设计问题：我回到故乡见了哪些人？和20年前相比他们发生了怎样的变化？造成变化的原因是什么？这样层层深入的提问，就将难题分解了，前两问绝大多数学生都能答上，最后一问部分学生可以回答，不同层次的学生都得到关注。

策略四：问题设计的情境性

德国学者关于情境与知识有一个精辟的比喻：将15克盐放在你的面前，无论如何你难以下咽。但当将15克盐放入一碗美味可口的汤中，你早就在享用佳肴时，将15克盐全部吸收了。情境之于知识，犹如汤之于盐。盐需溶入汤中，才能被吸收；知识需要溶入情境之中，才能显示出活力和美感。同样，课堂提问也应力求通过精心营造的问题情境巧妙地将问题引出。真切实在、新奇有趣的情节、故事、场景能很快把学生带到具体的情境中，与问题情境融化在一起。问题情境中的矛盾冲突、奇思妙想、问题的产生与发展，在学生心里激起层层涟漪，引起情感共鸣，促使他们用自己特有的方式进行分析思考、想象联想、推理判断、研讨辩论等，并从中获得体验感悟。问题情境的创设不仅能极大地调动学生情感的注意力和情感体验力，为师生提出问题、探究问题、解决问题打下情感基础，更重要的是激发和培养学生自身产生持续不断的学习内驱力。内驱力真正调动起来了，问题解决也就近在咫尺。

例如：教学话剧郭沫若的《雷电颂》，学习重点就是了解屈原这个人物形象，教师设计了这样的问题情境：被陷害被囚禁的屈原，清醒地看到了楚国面临的巨大危机，他强烈渴望能有伟大的力量来荡涤黑暗，还楚国一个太平盛世。请你选取课文中你最喜欢的段落，走进屈原丰富的内心世界，用自己最激越的感情朗读课文选段，感受这雷与电的洗礼。这样的问题情境让学生兴趣大增，纷纷化身屈原，一时间课堂上充满悲壮、慷慨、激昂的抒情独白。在学生们的激情演绎中，屈原爱国爱民，忠贞不屈，英勇无畏的形象也就立在了心中。同时也进一步理解了屈原之所以会成为中华民族精神的化身，是因为他捍卫真理与正义，刚正不阿、奋不顾身的斗争精神。

策略五：问题设计的开放性

开放性教学是现代课堂教学的一大重要特点，其目的主要是为了培养学生的发散性思维，培养创新精神和创新能力。因此，在课堂设计问题时，要尽可能地避免单纯的判断性问题（如是不是、对不对、要不要等等），要多用疑问性问题、发散性问题、开拓性问题，使学生在解决问题的过程中思维受到启迪、受到锻炼。一位教师在教学《科学》时的问题设计对我们语文教师应该很有启发性。他设计了这样一些问题，"假如没有细菌，自然界将会是什么模样？""假如没有重力，自然界将会是什么模样？""阿基米德说过，给他一支杠杆，他会撑起地球，他的话能实现吗？""你认为生物界中是先有鸡还是先有蛋呢？""人类制造的机器人会控制人类？"等问题，利用它们开放性和答案不是唯一的特点，让学生多方位、多角度去思考，也可让学生进行辩论，让他们百家争鸣、各抒己见。还有一位语文老师设计的开放性问题也很有借鉴性。名著阅读《三国演义》，关于赤壁之战，教师问：就像杜牧的《赤壁》一诗中说的那样，假如东风真的"不予周郎便"，赤壁之战的结局会如何？真的会"铜雀春深锁二乔"吗？请结合曹军和孙刘联军的战备情况谈谈你的看法。无论是认为周郎战胜还是战败，学生都需要认真阅读小说，筛选信息，为自己的观点提供材料支撑。于是阅读名著的目的达到了，同时学生的思维能力和表达能力也得到了锻炼，可谓一问多得。

策略六：问题设计的数量性

提问最忌"面面俱到"。老师在课上问题设计过多，过于琐碎。学生根本没有多少时间思考，导致"碎问碎答"。这样一堂课下来，没有一个明确的课堂教学中心，学生盲目地被牵着鼻子走，在云里雾里中疲惫不堪，不仅思维受到压抑，而且收获甚少，仅走过场而已。

教学问题是教学目标的转换，是教学目标的具体表述。课堂提问如果找不准切入口，就会犯无的放矢、漫无目标的毛病，导致拖堂，把握不住课堂节奏，课堂中师生合作学习的效率就会大打折扣，不能在规定的时间内完成教学任务。有效的问题应该是"提领而顿，百毛皆顺""打蛇打七寸"，主导文本研读、对话的大方向，提纲挈领引导学生纵览全局，感悟全篇，做到一"问"立骨。最大限度地调动尽可能多的学生来参与思考讨论探究。因此，备课设计的问题不必太多，比如语文一节课只需二、三个主要的有效问题，这几个问题要能牵动整堂课的重点，正所谓"牵一线而动全身"。

例如：杨绛的《老王》，在文章最后写到"这是一个幸运者对不幸者的愧怍"，谁是幸运者？谁是不幸者？不幸在哪里？幸在哪里？抓住文眼句就拿到了一把解开课文内涵的钥匙。

还有季羡林的《我的童年》，尽管文章很长，但开篇第一句话就是文眼句"回忆起自己的童年来，眼前没有红，没有绿，是一片灰黄"。为什么是灰黄的？作者童年经历了那些苦难？这样的问题就是一问立骨，百毛皆顺。

八、有趣有效，优化教学策略

每位老师在备课时都会考虑教学策略的运用，用怎样的思路来突破重难点。教学策略千变万化，多种多样，但是出发点我觉得应该是唯一的，那就是"激趣"，激发学生学习的兴趣，能够吸引学生，让学生在课堂上兴趣盎然，心情愉悦，如沐春风，觉得时间过得很快，下课后盼着第二天再听这位老师的课。所谓"知之者不如好之者，好之者不如乐之者。"

那么课堂设计怎样激趣，使学生乐学不疲，便成为众多教育者追求的目标。我很推崇明朝中叶的著名教育家、思想家王守仁的教育观。王守仁的基本思想是：教育儿童应根据其生理、心理特点，从积极方面入手，顺导性情，促其自然发展。他说："今教童子，必使其趋向鼓舞，中心喜悦，则其进自不能已；譬之时雨春风，沾被卉木，莫不萌动发越，自然日长月化。"他认为，顺导儿童性情进行教育，最重要的就是要激发儿童学习的兴趣，如果学习兴趣盎然，则学习时必然心情愉快，进步自然不会停止。就像时雨春风滋润草木花卉，没有不生机勃发，自然而然地一天天长大的。反之，如果忽视了儿童兴趣的培养，则会压抑儿童学习的积极性，很难进步，如同遭遇冰霜的花木，"生意萧索，日就枯槁。"

顺导性情，鼓舞兴趣，就是从学生熟悉的事物、场景、认知等入手，激发学生的好奇心、好胜心和求知欲，来展开教学设计。需要说明的是：有趣，只是手段；有效，才是目的，唯有相辅相成，才能相得益彰。

例如《散步》一文，教学任务的重点就是体会和谐的家庭关系，弘扬尊老爱幼的传统美德。许多老师导课从散步的经历谈起，一位老师这样设计：你觉得你们家里谁最重要？你觉得家庭幸福的重要因素有哪些？承接着学生的回答，老师马上引导，请同学们结合课文内容谈谈：你觉得这个幸福的家庭中谁最重要？学生有回答奶奶的，有回答爸爸的，在交流中尊老爱幼的主题跃然纸上，而且于潜移默化中对学生的情感态度价值观给予了很好的引导。

《济南的冬天》一文，有老师这样设计品析课文的切入点，和上面的例子有异曲同工之妙：你会用哪些词来形容冬天，并说说理由？学生回答"凛冽""滴水成冰""了无生机""寒冷"等等，读课文，你会用哪些词概括老舍笔下济南的冬天是怎样的，说说理由。学生很容易从课文中摘出温情、暖和、秀美、空灵等关键词，课文的分析一下子就举重若轻了。这绝对比开课就读课文，然后说说济南的冬天有何特点更能调动学生的兴趣。

九、把握节奏，合理安排教学时间

课堂是教学的主阵地，课堂教学必须向四十分钟要质量。怎样在规定时间内完成既定的教学内容，合理分配各个教学环节所用时间，把控好课堂节奏，这也是教学设计需要要兼顾的问题。

可是，在实际的课堂教学中，我们常常看到这样的现象：教学节奏过快，早早地结束预定的教学内容，等待下课；教学节奏过慢，无法按时完成预设的教学内容，留下尾巴；教学节奏，前松后紧，或者前紧后松，要么极尽铺陈，要么匆匆而过。之所以会出现这种节奏不当，时间分配不合理的现象，其实是在教学设计时，没有预估好每个环节所需要的时间。

课例一：听过一节《端午的鸭蛋》的公开课，一节课四十分钟，时间大致是这样安排的：导课十分钟左右，从传统文化角度介绍端午命名的由来，然后介绍各地的端午民俗文化；最后拓展十分钟左右，介绍自己家乡有代表性的民俗文化，写民俗，倡议保护。一课时要完成的课，留给文本的学习时间不足二十分钟，但是要完成读课文，了解课文内容，理清行文思路，品味文本平淡自然而又韵味十足的语言特色，感受独特的情趣和情感等诸多任务。结果可想而知，从读到品，从提炼内容到理性脉络，都是蜻蜓点水，浅尝辄止。可以说这样的时间安排，学生根本没有充足的时间品析经典完成学习任务，更遑论汪曾祺平淡文字背后的诗意是需要反复朗读品味的。

课例二：还听过一节《春酒》的公开课，那么长的课文，光读一遍就要十几分钟，可是这节课从导入、读课文、事件归纳、人物形象、情感探究用二十分钟就进行完了，剩余的时间朗读余光中的《乡愁》，比较两文的异同点。一节课，《春酒》课文读了一遍，《乡愁》读了四遍。很显然，这节课是由于教学目标把握不当，导致时间分配不合理，这样本末倒置的时间安排，源于教学设计得不合理，文本应该达成的通过品析语言承载的乡愁，感受琦君的故园之思的学习目标就谈不上真正落实。

我们不是强调备课时要把每个教学环节的所用时间精确到几分几秒，而是要有一个每个环节需要时间的大致区间。比如：读课文要几分钟，讨论多长时间，交流大致用时多少，练习预留多少时间等等。有了这样的时间预判，教学容量就不至于过多或过少，教学流程的用时就变得可控，教学节奏就不会出现明显的问题。教学内容安排合理性提高，就不会让学生的学和教师的教都会陷入盲目，课堂的随意性和无效性概率就会大大减少。

在中学语文课堂教学过程中哪些环节容易被老师忽略或省略呢？答案有两个，一是读书时间，二是思考时间。

1. 读书要有时间

课上留给学生充足的读书时间，阅读对于所有学生来说都是一种良好的学习习惯，尤其是一些接受速度较慢的学生，读文本可以让他们在思想上有一定的准备。学生可以通过阅读初步了解文本的内容，自觉制定学习目标，产生学习活动的动力，长期坚持，可以很好地培养自学能力。学生读书时间不充分，文本学习就会被老师牵着走，难以形成自己对文本的独特阅读体验和感知，阅读和表达能力得不到锻炼和提升，一部分反应速度慢的学生也许就会落下前进的步伐。所以，不要害怕读书、预习占用时间，要知道"磨刀不误砍柴工"。

2. 思考要有时间

在课堂教学时，适当留给学生思考的时间，有些教师在课堂提问时，为了节省教学时间，总是抛出问题后就希望立即有学生举手回答，而反应较快的总是优秀学生，他们在学困生还没有完全反应过来是怎么一回事的情况下，便能说出老师所期望的答案，老师误以为全班同学都能理解所回答的问题，于是接着进行下一环节。在这种情况下，学困生失去了思考的时间，失去了参与的机会，失去了自信心，落下了跟班前进的步伐，差距无形中扩大了，久而久之，学困生的学习将会越来越差，这种急功近利的做法不仅要害了学生，而且害了我们老师自己。古人云，静思出智慧。我们都有这样的经验，一些问题，一两分钟解决不了，需要较长一段时间才能领悟，得出好的答案。因此，教师要舍得放出一些时间，让学生静思，让更多的学生在独立思考中领悟获得，静思不是冷场，而是使思维提升的重要手段。

学习是一个过程，它需要依赖一定的时间才能达成学习目标，所以在进行教学设计时有给某些环节预留充足的时间，才能真正提高课堂教学的质量。

有效教学设计要具备教学目标、教学重难点、教法、学法、教学环节、教学流程、问题设计、预设、生成、作业等诸多因素。应该说每个要素的教学设计都有值得反思之处，都能找到反思的有效策略，此处不再一一列举。总之，反思只要把握好"为好学而设计"的前提，扣住教学设计的要素反思教学设计的合理性、可行性，才能不断修正完善教学设计，把它作为教学活动科学的行动纲领，从而使课堂教学事半功倍，收效显著。

第四节　教学设计课例

　　新的统编版教材构建了一个从"教读课文"到"自读课文"再到"课外阅读"三位一体的阅读体系。新教材最大的教学思路就是让学生多读书，读好书，读整本书，格外注重课内往课外的阅读延伸。如何用好新教材？如何引导学生多读书？这已经成为每位语文老师必须面对和深入研究的课题。

　　笔者作为一名一线初中语文教师，对于如何在教学中引导学生广泛阅读、有效阅读，让阅读有广度、有深度、有温度，做了一定的思考和探索。现从单篇阅读、群文阅读、整本书阅读三个层面选录了几篇教学设计课例，与大家做一个交流分享。

单篇阅读教学设计两篇

　　所谓"单篇阅读教学"就是对一篇文章进行精读深究的教学。单篇阅读教学，强调的是"举一反三"的教学，强调的是在一滴水里看世界，在单独的一篇经典里面，可以获得非常丰富非常多样的学习收获，可以挖掘经典文章的微言大义，可以面面俱到的去探寻单篇经典的各个方面所达到的高峰。

《记承天寺夜游》教学设计

【教材分析】

　　《记承天寺夜游》是人教版八年级上册第六单元的文言文。这个单元选编四篇文言游记，写法上大致相同，都是记录游踪、描写景物、表达某种思想感情。学习这些古代游记，一方面让学生掌握、积累文言词汇；另一方面通过品味简约传神的文字，感受古人的博大情怀，陶冶情操、提高语言表达能力和文化品位。

《记承天寺夜游》是苏轼的一篇小品文，写于苏轼被贬黄州期间。全文仅84个字，却运用记叙、描写、抒情等多种表达方式，创造了一个清冷皎洁的艺术世界，展现了作者豁达乐观的心境。文章风格清丽、冷峻而又不乏洒脱，既有对美的追求，又有对生活的热爱，是让学生体验人生，提高审美能力的好教材。

【教学目标】

（1）诵读：情感诵读，读出文章韵味。

（2）积累：掌握文章重点字词句的含义。

（3）赏析：品读月色，体会写景抒情之妙。

（4）感悟：体会作者复杂的心境，学习他达观处世的人生态度。

【教学重点】

（1）朗读课文，掌握重点字词句的含义。

（2）"闲"字入手，体会作者复杂的心境。

【教学难点】

（1）赏析简约传神的月景描写。

（2）请从"闲"字入手，体会作者复杂的心境，感受苏轼人格之美。

（目标设定依据：课程标准对初中文言文的学习要求是：能阅读浅显的文言文，能借助注释和工具书理解基本内容，从而感受祖国的语言文化之美，提升自身的文化品位。据此，本科教学目标就是以诵读、积累为基础，扣住文眼"闲"字，结合简约传神的景物描写，体味作者复杂的情感，感受苏轼伟大的人格魅力，培养对国学的热爱之情。）

【学情分析】

八年级学生已经初步掌握了学习文言文的方法，有一定的文言文基础，但是由于鉴赏能力、审美体验不足，阅读分析还不到位，特别是情景交融、借景抒情的文言文，在学法上还要加强指导。所以这一课的教学既有学生自主探究的一面，又有教师具体指导的一面。学生可以借助课下注解，通过自主、合作的策略疏通理解课文内容；对于文章要旨和佳句赏析则需要教师相机引导、点拨、讲解，从而突破重难点。

【教法和学法】

教学方法是教法与学法的有机统一，教法与学法具有一定的对应关系，学法决定教法，教法制约、影响学法。因此本课以启发式教学为主，结合朗读法、练习法、比较法、讨论法，力求让学生在自主、合作、探究的气氛中快乐地学习。

（一）学法分析

1. 朗读法

汉朝学者董遇说："书读百遍，其义自见。"朗读是读者与文本的对话，是理解的基石、积累的捷径、语感的源泉。教学千法，朗读为本。学生对文本的感知是通过读来完成的。

2. 质疑法

学起于思，思起于疑，疑则诱发探究，通过探究，才能发现真理。让学生将自学中遇到的难词难句摘录下来质疑问难，通过生生、师生交流得以解决。

3. 讨论法

培根说："读书使人充实，讨论使人机智。"讨论法以学生自己的学习活动为中心，让学生由被动接受知识转变为主动获得知识，在学习中真正处于主体地位并养成合作、探究的习惯。

（二）教法分析

因为教法和学法的对应关系，所以此处不再赘述学法中谈到的朗读、质疑、讨论等方法，而是重点谈谈启发点拨法和教具的辅助作用。

1. 启发点拨法

课堂上教师借助文本中的字、词、句的启发、点拨，一路引领学生欣赏文本的"万种风情"。当学生智慧的火花在课堂上迸射时，带来的不仅是习得的自信和快乐，更是审美能力和文化品位的提升。

2. 教具的辅助作用

多媒体课件的有效应用可以渲染气氛，营造学习氛围，不仅能激发学生的学习兴趣，更能补充相关信息，将松散的教学片段连缀成整体展现出来，体现了语文课程资源的合理运用。

【教学安排】

一课时。

【教学过程】

（一）导入

1. 讲述一副对联（坐请坐请上坐，茶上茶上香茶）的故事，引出苏轼

北宋仁宗年间，杭州城外的一座寺庙，有一天来了一位衣着普通的长须中年人。他进香之后，去求见主持。主持正在禅房打坐，见小沙弥领进来的中年人，并未起身，淡淡颔首说："坐。"然后对小沙弥说："茶。"两人交谈，主持发现来人谈吐不俗，就起身将来人引到会客室，微微行礼说："请坐。"然后又对小沙弥说："上茶。"两人再次交谈，当主持得知来人的姓名时，大吃一惊，连忙起身，深深行礼，连连说："请上座。"然后又一叠声地对小沙弥说："上香茶。"当来人要告辞的时候，主持请求来人留下一幅墨宝，来人也不推辞，大笔一挥，写下一副对联。这副对联是什么呢？请同学们想一想。

这位长须中年人是谁呢？他就是宋代大文豪苏轼苏东坡。

2. 请同学介绍苏轼

苏轼，字子瞻，号东坡居士，四川眉州人。北宋文学家、书画家，唐宋八大家之一，开创豪放词派。父苏洵、弟苏辙都是著名古文学家，世称"三苏"。诗风豪迈清新，尤长于比喻，与黄庭坚并称"苏黄"，与欧阳修并称"欧苏"。名作有《念奴娇》《水调歌头》《赤壁赋》《石钟山记》《放鹤亭记》等，皆为传世名篇。

3. 写作背景介绍

好文章因时而作，因事而作。介绍"乌台诗案"，及苏轼被贬于黄州的困苦境遇。

材料一：元丰元年二月，苏轼因为反对王安石新法，被朝廷用以诗谤新法的罪名，逮捕入狱，这就是著名的"乌台诗案"。直到同年十二月苏轼才获救出狱，然后被贬到黄州，担任团练副使，做着有职无权的闲官，而且没有薪俸，近乎流放。本文作于苏轼被贬黄州期间。

（设计意图：旨在激起学生的学习兴趣，然后自然引出对苏轼的资料交流、背景的介绍，初步感受其人品文章的魅力。）

（二）朗读课文

1. 教师范读，注意字音、节奏、情感。

2. 学生自读体悟。

3. 学生配乐朗读，做朗读指导。

4. 齐读。

元丰六年/十月十二日/夜，解衣欲睡，月色入户，欣然起行。念/无与为乐者，遂/至承天寺/寻张怀民。怀民亦未寝，相与/步于中庭。庭下/如积水空明，水中/藻、荇交横，盖/竹柏影也。何夜无月？何处无竹柏？但/少闲人/如吾两人者耳。

（设计意图：借助多媒体营造学习氛围。多种形式的朗读，读准字音、断句，读出文章的韵味，初步感受文章之美。）

（三）互相合作，疏通课文

1. 学生合作疏通课文，提出疑难问题，集体解决。

2. 解释词语，翻译句子。

（1）月色入户，欣然起行。

（2）庭下如积水空明，水中藻，荇交横，盖竹柏影也。

（3）何夜无月？何处无竹柏？但少闲人如吾两人者耳。

（设计意图：培养学生自主学习能力和合作探究的学习能力，积累文言词汇，为后面的分析、赏析做铺垫。）

（四）合作探究，赏景悟情

1. 文中哪句写景？世人评论该句极富简约传神之美，你能说说它美在哪里吗？（交流明确）

"庭下如积水空明，水中藻荇交横，盖竹柏影也。"

提示：可以从修辞、描写角度、营造的氛围、景物的特点、表达效果等等角度入手品析。

连贯的比喻，动静结合（春水静谧，水草摇曳），既突出了月色之皎洁清亮，更创造出一个冰清玉洁的透明境界。

（设计意图：一是让学生感受月色之美，作者人格之美；二是教给学生赏析写景句的方法、思路）

2. 文中哪句抒情？品味"闲人"的含义，体会作者复杂而微妙的情感？（交流明确）

何夜无月？何处无竹柏？但少闲人如吾两人者耳。

（1）分析文中作者"闲"在何处？

明确："闲"在"月色入户，欣然起行"。

"闲"在中庭赏月看竹。

（2）作者抱负远大，才华满腹，何以落得如此清闲的地步呢？

明确："闲"字为点睛之笔，以别人的不闲反衬两人的有闲。

材料链接：苏轼黄州生活状态；快哉亭。

材料二：苏东坡在黄州的生活状态，在他自己写的一封信说得非常清楚。信中说："得罪以来，深自闭塞……平生亲友，无一字见及，有书与之亦不答，自幸庶几免矣。"

材料三：在黄州，张怀民建了一个亭子，苏东坡为它取名为"快哉亭"，并写下了一首词，有这样一句："一点浩然气，千里快哉风。"

只要心中有浩然正气，谁能把你打倒呢？

"闲"字里有几多感慨：有贬谪的悲凉落寞，更多的是漫步的悠闲，赏月的欣喜，可见作者恬淡自适的情怀，和达观处世的人生哲学。

（设计意图：以文眼"闲"字为切入点，把握文章主旨，引导学生体会作者复杂的心境，学习他达观处世的人生态度。）

3. **写景抒情中提到"竹柏""月光"，有何深意吗？**

"竹柏"有坚贞之喻，月光有纯洁之喻，苏轼身处逆境而不沉沦，不放弃追寻美好的事物，既有坚贞的气节，又有磊落无尘的襟怀。

出示链接材料：苏轼在赦书中对王安石的评价。

材料四：王安石变法失败辞世后，苏轼代朝廷拟赦书，苏轼没有公报私仇，高度评价了这位让他吃尽苦头的政敌。文中有一段"瑰玮之文，足以藻饰万物；卓绝之行，足以风动四方。"这个给王安石的评价，苏轼自己也是当之无愧的。

（五）拓展训练

1. 积累苏轼的名句

但愿人长久，千里共婵娟。

人有悲欢离合，月有阴晴圆缺，此事古难全。

会挽雕弓如满月，西北望，射天狼。

谁道人生无再少，门前流水尚能西，休将白发唱黄鸡。

莫听穿林打叶声，何妨吟啸且徐行。

......

2. 仿句练习

请用"面对_____，他_____"的句式仿写一句话。

例句：面对赤壁的滔滔江水，他豪迈奔放地说"大江东去，浪淘尽，千古风流人物"；

面对自然界的风吹雨打，他从容洒脱地说"竹杖芒鞋轻胜马，谁怕？一蓑烟雨任平生"；

......

（设计意图：强化学生语文积累，提高语文素养）

（六）千古风流话东坡

材料五：2000年，法国《世界报》组织评出公元1001—2000年12位世界级杰出人物，授予"千年英雄"称号，苏轼是唯一入选的中国人。

颁奖词：居庙堂之高，心忧黎民，勤于政务；处江湖之远，尽职尽责，为善一方。他俯仰无愧于天地，心无名利杂念，遂有闲心领略江山风月，写下无数传世杰作。

结束语：慢慢走，欣赏啊。匆匆的岁月中，请同学们偶尔为苏轼驻足停留，去读一篇唇齿留香的美文，去品一份光风霁月的情怀，去追寻一种诗意洒脱的人生。

（设计意图：通过颁奖词，让学生对苏轼的人格、地位有更深入的了解和认知。）

（七）推荐阅读和作业

推荐阅读：林语堂《苏东坡传》

作业：背诵课文，积累东坡名句

（设计意图：加强语文积累，更深入的了解苏轼其人。）

板书设计：

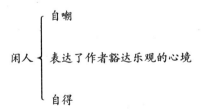

闲人 ⎰ 自嘲
　　　 表达了作者豁达乐观的心境
　　　 自得

（八）教学反思

《记承天寺夜游》是苏轼的一篇小品文，写于苏轼被贬黄州期间。全文仅80余字，却运用记叙、描写、抒情等多种表达方式，创造了一个清冷皎洁的艺术世界，传达了作者豁达乐观的心境。本文语言干净利索而又极富表现力，可以说是写景抒情的精品。对于学生陶冶情操、提高语言表达能力来说，本文是学生学习的典范。

语文课程标准对学生学习文言文的要求并不很高，就是能够"阅读浅易文言文，能借助注释和工具书理解基本内容"。这就要求语文老师要深入学习和领会新课程标准中的有关文言文教学的目标与要求，自觉遵循文言文教学规律，潜心研究文言文教学方法，积极探索文言文教学艺术，引导学生不断提高文言文阅读能力，并把这一能力"延伸"到不断提高现代文的阅读能力和写作水平上来。若能如此，教师的"教"就能变得有滋有味，学生的"学"就能由被动变主动，教学效益也因此真正得到全面提高。因此，我在教学《记承天寺夜游》这篇小品文的时候，重视了以下几个问题：

1. 重视预习和课前资料准备工作

凡事预则立，不预则废，学习文言文也是如此。在上课之前，教师要指导学生做好预习。预习是学生直接接触课文的开始，本节课的预习，重点围绕两方面进行：一是查阅有关资料，了解作者和写作背景；二是查找、整理、记忆苏轼的诗文名句。考虑到学生学习要讲究实效性的问题，要求每个学生都要写学习笔记，记录预习内容，在课堂上做展示、交流，为课堂教学做好准备。这种学习方式，我已在班中展开了一段时间，查找、整理资料都比较熟手了，只是文字的概括组织能力和语言的表述能力还有待提高。为此，每节课我都尽量安排时间给他们展示、交流，课前有准备，展示有底气，能体验到成功的喜悦，也可以培养能力。

2. 重视知识积累

课堂积累是提高学生语文素养的重要方法。叶圣陶先生说："语文教材无非是例子。凭这个例子要使学生能够举一反三，练就阅读和写作的熟练技能。"只有积累一定数量的文言词语和文言知识，才能为"举一反三"打下基础。对学生来说，学习文言文，作为"例子"的应是课文中的词语、句子、文言知识等。当然，对这些知识的积累也不能光靠死记硬背，还要在分析比较中找出规律，进行积累。而知识积累的重点应放到生字读音、词语解释、语句翻译和一些与现代汉语意义与用法差别较大的词语和句式上。课堂上有了大量的文言知识积累，学生才能掌握学习文言文必备的基础知识，为以后的文言文学习奠定基础。

《记承天寺夜游》篇幅短小，难度不大，字词相当简单，但在学生疏通时候还是发现了一些小问题。比如对"月色入户"的"户"字的理解。我结合成语"足不出户"告诉大家"户"为门户、大门之意，而非大家认为的窗户。

3. 重视诵读感悟

诵读是学习文言文的传统方法。古人云："书读百遍，其义自见。"字词的意义和作者的感情是从反复诵读乃至"倒背如流"中"悟"出来的。学生有了一定的文言积累，再反复地朗读，自然会对文章所表现的思想感情有所感悟，而文言文的阅读水平也会在诵读的过程中，潜移默化地得到提高。学习文言文不仅是学古人的语言，还要学习古人的思想，吸取那些至今仍有巨大价值的思想养料。教师要用今天的文化背景、精神环境和学生的求知情绪，尽力挖掘文章中一切与学生已有知识和生活背景相通的因素，让学生在诵读中理解，在诵读中陶醉，以至渐入佳境，在文气、文才、文化的熏陶感染中，充分接受文学素养和人文素养的浸润，从而更加努力地去读，直至成为一种生命的需要。以此为基础，才真正体现了背诵的价值了。

4. 重视审美鉴赏

著名特级教师钱梦龙先生说过："经过千百年时间的淘洗而流传下来的一些脍炙人口的文言文（包括古诗歌）是诗文中的极品，是中华民族文化遗产的精华……这些作品千锤百炼的语言，斐然可观的文采，匠心经营的章法，足以垂范后世。"因此，引导学生咀嚼品味作品中的形象表达出来的思想情感，引起感情的共鸣，产生与作者相同的思想感情，已经成为提高文言文教学效益的当务之急。

万籁俱寂，皓月当空，两位雅士正在斑斑树影下畅谈……文豪苏轼的这篇《记承天寺夜游》，真是一篇清秀优美的好散文。《记承天寺夜游》篇幅虽短，意境却很美妙，意蕴深且长，表现了作者当时微妙复杂的心理。这也正是学习这篇文言文的难点所在。它涉及了苏轼颠沛的人生历程。为此，我特别补充了相关的一些资料，帮助引导学生人分析理解苏轼宦海历尽波折而不改其乐观豁达气度的人格魅力。文眼"闲"字和写月光的佳句都具有极为丰富的精神内涵，对它的解读，我多方引导、剖析苏轼的心境，让学生多点时间与这些人格高尚的人们对话，直接感受他们非同一般的"情感、智慧、思考"，直接体味他们不同凡响的忧患意识、生命意识、家国意识，从他们身上汲取有益的养分，去发展自己健康的个性，塑造自己健全的人格，多用时间也是值得的。

5. 重视拓展延伸

新课标的实施和新教材的使用，为文言文教学带来了新鲜活力，开辟了更加广阔的空间。要培养学生良好的人文素养，就必须强调教学内容的开放性和学生学习的主动性。新课程背景下的文言文教学，除了结合已学课文、社会生活及自己的思想实际进行纵深拓展延伸外，还要由课内拓展延伸到课外。学习文言文，读的篇数越多越好，读得多了，见得多了，学习起来就不难了，这是学好文言文的必经之路。在有了一定"量"的积累后，再辅以学习方法的指导，学生才能在文言文学习中实现"质"的飞跃。本课的学习，一方面让学生深入理解课文，体会其写景抒情之妙；另一方面，又通过积累苏轼的名句和补充链接材料，感悟苏轼的精神追求和人格魅力。以此来实现从课堂向课外的延伸，实现语文知识向语文素养的转化。

这一节课，我采用了学生自主学习与课堂合作探究的形式，引导他们自主预习，对课文提出自己的看法和质疑，并结合文本、联系自己的生活实际，使枯燥的文言文学习变得生动有趣，使学生在文言文的学习中也能够思维激发、灵性涌动，力求达到良好的教学效果。

不过这篇文章的教学，因为我的"野心"大而在内容安排上过于面面俱到了，一节课上完有仓促之感，学生是否全部理解接受了便有了存疑，这是以后教学中要注意改进的。

《〈论语〉十二章》教学设计

（第2课时）

【教学目标】

（1）识记重点文言词语，解读各则语录，养成学习文言文的良好习惯。

（2）联系自身学习经历，理解课文丰富精彩的内蕴，领悟修身做人的道理。

（3）朗读背诵课文，强化语文积累，激发热爱传统经典文化的热情。

【教学重点】

（1）通过学习重点文言词语，解读各则语录，养成学习文言文的良好习惯。

（2）联系自身学习经历，理解课文丰富精彩的内蕴，领悟修身做人的道理。

【教学难点】

理解课文关于修身做人的深刻哲理，并身体力行于平时的学习生活中。

【教学方法】

诵读法、合作探究学习法、点拨归纳法。

【教学准备】

多媒体课件。

【教学过程】

（一）导入新课，激发兴趣

"其身正，不令而行；其身不正，虽令不行。"

作为一名伟大的教师，孔子不仅擅长授业解惑，还以传道为己任，不顾一切地追求理想。在宋被阻，与弟子习礼于大树下，坐而论道；在陈绝粮，孔子讲诵弦歌而不衰。

"天不生仲尼，万古如长夜。"

孔子的道德修养、思想精髓深入中国人的血脉。走进经典，能汲取生命的智慧。

这节课学习关于修身做人的第二、六、八、九、十一、十二章。

（二）朗读课文

（1）教师范读，明确断句和重点字的读音。

（2）学生自读，注意用舒缓从容的语气读出深长的意蕴。

（3）指读，教师进行朗读指导。

（三）疏通课文

（1）学生对照注解理解课文内容，可自己研读，也可小组合作。

（2）逐章讲解，明确重点字词含义，准确译文。

第二章　曾子曰："吾日三省吾身：为人谋而不忠乎？与朋友交而不信乎？传不习乎？"

——（《学而》）

① 结合注释疏通本章内容，把握重点字词

三：多次；省：反省； 传：老师传授的知识

② 小组合作翻译

译文：曾子说："我每天多次地反省自己：替别人谋划是否尽心竭力呢？跟朋友往来是否诚实呢？老师传授的学业是否复习过呢？"

③ 教师解读

曾子告诉我们做人要及时反思、守信、忠诚。讲述曾子杀猪的故事，让学生了解曾子诚信做人的人生信条。

"三省吾身"作为成语沿用至今。三令五申、三番五次、士别三日当刮目相看，用法相同。

第六章　子曰："贤哉，回也！一箪（1）食，一瓢饮，在陋巷（2），人不堪其忧，回也不改其乐（3）。贤哉回也。"

——（《雍也》）

① 结合注释疏通本章内容，把握重点字词。

箪：音 dān，古代盛饭用的竹器；堪：忍受

② 小组合作翻译

译文：孔子说："贤德啊，颜回！一箪干粮，一瓢凉水，居住在简陋的巷子里，换了别人一定不堪忍受这种贫困忧苦的生活，但是颜回啊，从来不知因此而改变自己好学乐善的快乐。贤德啊，颜回！"

③ 教师解读

孔门弟子三千，最贤者当属颜回，颜回家境贫寒，却好学向善，孔子对他的美德赞叹有加。本章中，孔子又一次称赞颜回，对他作了高度评价。这里讲颜回"不改其乐"，这也就是贫贱不能移的精神，包含了一个具有普遍意义的道理，即人总是要有一点精神的，为了自己的理想，就要不断追求，即使生活清苦困顿也自得其乐。

孔子不总是理性的不苟言笑的长者形象，他也有极为感性的一面"闻韶乐三月不知肉味"此章孔子回环曲折，一说两叹，高度赞扬了颜回安贫乐道的高贵品质，情真意切，真挚感人。我们也可学习这样的赞美句式。例如：壮哉，高山！美哉，流水！妙哉！慧哉！等等。

孔子赞美颜回的什么美德？——安贫乐道

"不汲汲于富贵，不戚戚于贫贱"。安贫乐道同样是孔子的道德追求。第八章和第六章有异曲同工之妙。

第八章 子曰："饭疏食（1）饮水，曲肱（2）而枕之，乐亦在其中矣。不义而富且贵，于我如浮云。"

—— (《述而》)

① 结合注释疏通本章内容，把握重点字词。

饭疏食：饭，这里是"吃"的意思，作动词。疏食即粗粮；曲肱：肱，音 gōng，胳膊，由肩至肘的部位，曲肱，即弯着胳膊。

② 小组合作翻译

译文：孔子说："吃粗粮，喝白水，弯着胳膊当枕头，乐趣也就在这中间了。用不正当的手段得来的富贵，对于我来讲就像是天上的浮云一样。"

③ 教师解读

孔子极力提倡"安贫乐道"，饭疏饮水，曲肱而枕，生活清贫，其乐悠悠，何哉？追求理想的快乐远甚于贫困生活带来的苦恼。对于有理想的人来讲，乐在其中。同时，他还提出，不符合于道的富贵荣华，他是坚决不予接受的，对待这些东西，如天上的浮云一般。正所谓：君子爱财，取之有道。这种思想深深影响了古代的知识分子，也为一般老百姓所接受。

饭蔬饮水：后因以"饭蔬饮水"形容清心寡欲、安贫乐道的生活。

第九章 子曰："三人行，必有我师焉；择其善者而从之，其不善者而改之。"

—— (《述而》)

① 结合注释疏通本章内容，把握重点字词。

三人：几个人；善者：优点；不善者：缺点。

② 小组合作翻译

译文：孔子说："几个人在一起走路，其中一定有人可以当我的老师。应当选择他们的优点去学习，看到他们的缺点，（如果自己也有）就要改正。"

③ 教师解读

无论是学习还是成长，都应随时随地都要注意学习，不但要学习别人的长处，还要对照别人的短处反省自己，取长补短，弥补不足。孔子还有一句话很好地诠释了这句语录："见贤思齐，见不贤而内自省也。"

第十一章　子曰：三军①可夺帅也，匹夫②不可夺志也

——（《子罕》）

① 结合注释疏通本章内容，把握重点字词。

三军：军队的通称；匹夫：夫妇相匹配，分开说则叫匹夫匹妇，所以匹夫指男子汉。

② 小组合作翻译

译文：孔子说："军队可以被夺去主帅，男子汉却不可被夺去志气。"

③ 教师解读

一国的军队，可以夺去它的主帅；可一个男子汉，他的志向却是不能强迫改变的。对于一个人来讲，他有自己的独立人格，任何人都无权侵犯。作为个人，他应维护自己的尊严，不受威胁利诱，始终保持自己的"志向"。

"有志者事竟成"，"志当存高远"。志向犹如灯塔，指引人生的航向。苏轼说："生、死、穷、达不易其志"。做人要有骨气、有节操，不论生存、死亡、还是贫穷、富贵，都应不改初衷、不忘本心。我们把这叫作矢志不渝。

第十二章　子夏曰；"博学而笃志，切问而近思，仁在其中矣。"

——（《子张》）

① 结合注释疏通本章内容，把握重点字词。

博：广也；笃：厚也；切问而近思：恳切提问，积极思考。

② 小组合作翻译

译文：子夏说："一个人心有远大理想就要有丰富的知识，要多多提出疑问，多多深入思考。对于自己的志向不能有过多的干扰，'仁'就在这当中了。"

③ 教师解读

孔子强调修德进学的门径：学欲广博，志欲坚定，外问于人，内思于心。这样就接近"仁"的境界。"仁"是孔子思想的核心，《论语》中出现了一百多次，孔子从多角度诠释"仁"，如"仁者爱人"；"克己复礼为仁（约束自己，使每件事合乎礼仪大道）"，"君子以文会友，以友辅仁（君子用道义交朋友，通过交友辅助仁德）"。

（3）齐读文章，深入体会。

（4）背诵你喜欢的语录，请个别同学展示。

（四）心灵感悟

思考：通过六章《论语》的学习，你明白了哪些人生的道理？请联系自己的体验说一说。

学生自由发言，教师相机点评。

学生发言可能会涉及以下感悟：及时反思、忠诚守信、安贫乐道、不慕富贵、善于学习、从善如流、志向坚定、多闻多思、仁义处世、取长补短、见贤思齐等。

（五）作业

《论语》告诉我们许多好的学习方法和态度，也教给我们许多做人的道理，让我们汲取文化和精神的双重营养，内化于心，外化于行。

请问：孔子最打动你的是什么？结合《论语》或你所了解的孔子的资料、孔子的故事，以《走近孔子》为题，写一段话，不少于300字。

（六）结束语

教师赠语："天行健君子以自强不息，地势坤君子以厚德载物。"

天地玄黄，大道昭昭，望同学们今后无论在顺境还是逆境中都能心怀仁德，走人间正道。

板书设计：

《论语》十二章

（2、6、8、9、11、12）

三省吾身

安贫乐道

见贤思齐

矢志不渝

"仁"

（七）教学反思

《〈论语〉十二章》均出自《论语》，《论语》是儒家经典著作，对后世有着重要的影响。文章选录的十二章，作为文言文，有一定的难度，但全是短章，又降低了学习的难度。其内容涉及学习方法，求知态度，修身做人三个方面，较贴近学生的学习生活，因而可联系学生实际进行教学。

反思这节课的教学设计，笔者认为有以下亮点和不足之处。

亮点一：做好资料准备和预习工作

凡事预则立，不预则废，学习文言文也是如此。在上课之前，教师就指导学生做好预习。本节课的预习，重点围绕两方面进行：一是查阅有关资料，了解孔子和《论语》；二是预习课文内容。预习是学生直接接触课文的开始，有了前期充足的资料储备，课堂教学就会事半功倍。

亮点二：有机整合教材

《〈论语〉十二章》涉及的学习方法、学习态度和修身做人三方面的内容相互穿插，没有一定的顺序。教师在做教学设计时将十二章内容进行整合，第一课时学习关于学习方法和态度的内容，第二课时学习关于修身做人方面的内容，也就是第二、六、八、九、十一、十二章。从不同角度引导学生理解修身做人之道。

亮点三：重视诵读感悟

诵读是学习文言文的传统方法。课堂上通过指导学生反复朗读，读出文言文的韵味，彰显音韵之美。古人云："书读百遍，其义自见。"字词的意义和作者的感情是从反复诵读乃至"倒背如流"中"悟"出来的。感悟之后再诵读，自然能够融情入声，境界提升，而文言文的阅读水平也会在诵读的过程中，潜移默化地得到提高。

亮点四：重视知识积累

语言积累是提高学生语文素养的重要方法。叶圣陶先生说："语文教材无非是例子。凭这个例子要使学生能够举一反三，练就阅读和写作的熟练技能。"对学生来说，学习文言文，作为"例子"的应是课文中的词语、句子、文言知识等，知识积累的重点应放到生字读音、词语解释、语句翻译和一些与现代汉语意义与用法差别较大的词语和句式上。只有积累一定数量的文言词语和文言知识，才能为"举一反三"打下基础。《〈论语〉十二章》篇幅短小，每一章都有学生需要掌握的重点字词，这是学生进行文通字顺翻译的基础，也是由课内文言向课外文言迁移的基础。

亮点五：重视心灵涵养熏陶

学习《论语》不仅是要学其语言，更要学习儒家的思想，吸取那些至今仍有巨大价值的思想养料。课堂上教师尽力挖掘文章中一切与学生已有知识和生活背景相通的因素，尽量用贴近学生生活的精妙语言，让学生接受儒家文化中优秀思想的教育和熏陶，使他们在情操修养，立身处事，为人治学等方面，得到更好的引导，从而培养学生积极向上的人生观、健康坚定的价值观和乐善好学的品格和气度。

不足一：内容偏多

本课安排了六章内容，由朗读到疏通再到感悟，内容的安排偏多，一节课上完有仓促之感，学生是否全部理解接受了便有了存疑，这是以后教学设计中要注意改进的。

不足二：教师讲解多

教师精妙的讲解确实有助于学生深刻理解经典，但也正因为如此，学生自己表达对经典的理解机会就少了。今后要注意把握好教师和学生表达的度。

不足三：教学方式单一

六章内容基本上都按照一个模式来教学：由理解重点词语，到小组合作翻译，再到教师解读内涵。虽然《论语》内涵相对初一学生来说，有些深奥，但是单一的模式容易让学生产生疲倦感。以后在教学设计中要注意教学策略的灵活运用。

文言文到底怎么教？怎样让学生既能在自主探究的学习中获得知识，又能深入理解体味古典文学的深邃内涵，积极快乐的学习？笔者将会在今后的教学中继续探索，寻找行之有效的教学策略。

群文阅读教学设计两篇

群文阅读教学是近两年在我国悄然兴起的一种具有突破性的阅读教学实践。它在动机激发、德智启迪、审美教育、信息筛选、写作借鉴、阅读积累等语文素养的提升方面具有独特的功能。"1+X群文阅读"教学模式就是课内教读走向课外阅读的一座桥梁。所谓"1+X"，是指以现行统编语文教材的学习为宗旨，以提升学生的阅读素养为目的，以精读课文有效延伸或单元主题有效延伸为主要路径并进行文本组元的群文阅读方式。

一、教学设计课例

《寻"变"轨迹，"因"中觅"意"——寓言中的事与理》教学设计

【群文议题】

寓言中的事与理

【执教年级】

八年级

【群文篇目】

《奇里村长和魔鬼》《蚊子和狮子》《赫尔墨斯和雕像者》《狗和他的倒影》《橡树和芦苇》《庚公之斯》

【群文特点】

本课选用六篇寓言，以丰富多样的主人公讲述了不同的故事，通过简单的故事表达了深刻的寓意。阅读时应指引学生找到寓言中事与理的桥梁，探索阅读策略，正确解读寓言。本组群文重在理解寓意的思维路径，将只可意会不可言传的模糊思考，转为可操作的显性思维过程，达成思维过程的条理和显性，从而交给学生群文阅读的策略。

【教学目标】

（1）了解寓言寓理于事、讽刺借喻的特点。

（2）培养思辨思维，掌握寓言阅读的策略。

【教学过程】

猜一猜；

你认为寓言是什么？

活动一：速读猜想

（1）请3分钟速读《奇里村长和魔鬼》，思考：奇里村长两次挑战魔鬼结果有什么不同？为什么有不同？

（2）齐读寓意，总结一下作者运用了哪些技巧得出寓意？

猜想寓言学习的核心策略：把握故事变化的轨迹，追溯原因，明确哲理。

这仅仅是初步推想，我们借助经典文本来印证一下推想。

活动二：经典印证

引入《蚊子和狮子》《赫尔墨斯和雕像者》，小组探究，这两篇文章得出寓意的策略，并全班交流。

你能总结一下咱们通过故事剖析寓理的策略吗？

再次明确把握寓言中的事与理的策略：

通过寻变化，找原因，明寓意。

活动三：群文实践

（1）请运用策略，阅读《狗和他的倒影》《橡树和芦苇》。

（2）总结交流：

活动四：勇于挑战

（1）默读《庾公之斯》，你能读出什么变化？

（2）从这些变化你能解读出什么寓意？

【结课】

教师小结。

《抚摸杜甫的"忧"》教学设计

【群文议题】

抚摸杜甫的"忧"

【执教年级】

八年级

【群文篇目】

《春望》《石壕吏》《茅屋为秋风所破歌》《唐之韵——杜甫》（节选）

【教学目标】

（1）通过阅读杜甫诗歌，感知杜甫的"忧"。

（2）通过选文研读，感知杜甫的人格力量。

【教学过程】

导入：

板书"春"。

看见这个字，你想到了什么景，请用一个词或者一句话告诉我。记得朱自清的《春》吗？我们一起背最后三句。

春天像刚落地的娃娃，从头到脚都是新的，它生长着。

春天像小姑娘，花枝招展的，笑着，走着。

春天像健壮的青年，有铁一般的胳膊和腰脚，领着我们上前去。

在朱自清与同学们心里，春是如此之美。唐朝的杜甫眼中的春，又如何呢？

（一）烽火三月万金书——眼中之景

学习《春望》：

结合注释，阅读《春望》。

多媒体出示：诗人杜甫望到了哪些春天的景物？这些景物有怎么样的特点？

要求：

（1）勾画出所见的景。

（2）找出体现景物特点的关键词。

国破山河在——人事已非的沧桑。深（盛）——盛是茂盛之意、欣欣向荣。深——草木虽茂盛却是在城里，无人打理，是荒芜之状，是萧条凄凉之景。人都到哪里去了？

花——流泪，鸟——惊心（以乐景写悲哀之情）

应该用什么语气读这首诗呢？

悲伤、凄惨的语气。

齐读或者请人读。

（二）听妇致词泪倾盆——眼中之人

学习《石壕吏》：

《春望》是杜甫见到的春天之景，因为无人，所以是这样的荒凉。人都到哪里去了呢？

请阅读《石壕吏》，哪些诗句让你触目惊心？为什么？

以"从句诗里面，杜甫看到了当时的"的句式来交流。

预设：

从"室中更无人，惟有乳下孙"这句看出当时非常苛刻的征兵，已经导致整个国家十室九空，家庭破碎。

从"出入无完裙"看出战争给人们带来的灾难。

从"二男新战死"一句中看出，当时的战争是十分惨烈的。

从"老翁逾墙走，老妇出门看"一句中可以看出差吏已经来抓了几次了，所有的村里的人已经对差吏非常恐惧了。

"吏呼一何怒，妇啼一何苦"让我触目惊心，一个"怒"，一个"苦"形成鲜明对比，那些官吏看起来气势汹汹，**凶狠霸道，欺负百姓**，老妇人哭着诉说，**实在可怜**！

"一男附书至，二男新战死"，让我触目惊心，战争的惨烈可见一斑，人**的生命轻如鸿毛，说没就没了**，那个"死"字看得人很心痛。

"有孙母未去，出入无完裙"，让我触目惊心，他们家中的儿媳妇，竟然连一件完整的衣裳都没有，**多么可怜，多么可怜啊**！

杜甫见到的是这么悲伤之景，遇见的是这么可怜之人；为什么？

请同学们阅读《唐之韵》，哪些语句能回答。

在安史之乱中，国破所以凄凉衰败，老百姓实在太可怜，杜甫自己的生活又怎么样呢？

（三）屋破雨漏长夜沾湿——眼中之己

速读《茅屋为秋风所破歌》：

诗人的生活状况怎么样？从什么地方看出的？从中读出了怎样的杜甫？

预设：

屋漏偏逢连夜雨。家徒四壁、穷困潦倒。

这样的处境，如果你是杜甫，你会怎么做？哦，我们看看杜甫这时想了什么？

（四）安得广厦千万间——杜甫之忧

自身是这样的家徒四壁，杜甫忧的是什么？从《春望》《石壕吏》，《茅屋为秋风所破歌》中的句子读出杜甫忧什么。

杜甫是怎样的人？

预设：胸怀天下，推己及人、崇高、忧国忧民、忧国思乡，同情劳动人民等

想一想：为什么杜甫被称为诗圣？

让我们来了解"圣"字的含义。

《说文解字》中说，所谓"圣"者是指人格最高尚，智慧最超群之人：

杜甫被称为诗圣，老师给他写了一段颁奖词，请你把这段颁奖词补充完整。

谁，能有"会当凌绝顶，一览众山小"的气魄？谁，能有"感时花溅泪，恨别鸟惊心"的忧国情怀？又有谁，＿＿＿＿＿＿＿＿＿＿＿＿＿＿。

你博大的胸襟能容海纳川，唯有你，才顶得起"诗圣"的光环。

答案举例：又有谁，能在"八月秋高风怒号，卷我屋上三重茅"的窘境之下还怀着"安得广厦千万间，大庇天下寒士俱欢颜"的心愿。

二、基于优秀案例的群文阅读有效教学策略反思

群文阅读教学（简称群文阅读）突破了一课一文的教学方法，根据一个或多个议题来挑选一些课文，一本带多本，而后进行单元整合实现阅读的整体性。

群文阅读在动机激发、德智启迪、审美教育、信息筛选、写作借鉴、阅读积累、提升语文素养等方面具有独特的功能，是语文教研的重要课题。现结合两个群文阅读的优秀案例一点窥面来探讨反思群文阅读教学的有效策略。

1. 由点及面，拓宽阅读

既然是群文阅读，那就首先要扩充阅读资料，就是围绕着一个或多个议题选择一组文本，用于教学。以议题为轴心，从补充、阐释、类比、佐证、升华、反哺等角度选取相关文章作为学生的阅读资料。《寓言的事与理》选了《奇里村长和魔鬼》《蚊子和狮子》《赫尔墨斯和雕像者》《狗和他的倒影》《橡树和芦苇》《庾公之斯》古今中外五篇寓言故事，组织学生阅读和学习；《抚摸杜甫的"忧"》选了杜甫的《春望》《石壕吏》《茅屋为秋风所破歌》三首诗作为阅读和学习材料。精读单篇课文，很容易使学生思维僵化。以开阔阅读视野、培养思维能力和丰富情感体验为目的的群文阅读，使语文课堂更加丰富。部编版语文教材就是以单元的中心意义来组合课文，教师可以立足课内教师从课外内容所表达的主题中，寻找课外有关的文章，进行类比分析，系统的阅读。

2. 由面到点，精选议题

议题，就是一组选文中所蕴含的可以供师生展开议论的一个或多个话题。议题应该是选文的共通之处，宜明确简洁精准。结合范例来说，寓言学习虽然相对简单，但是其文体特点、寓意、人物形象、语言风格、故事波折等都是语文学习的点，老师在众多的选项中拟定议题——寓言中的事与理，通过故事变化的轨迹，追溯原因，明确哲理，提高寓言学习的核心策略。再如：杜甫的诗歌凝练厚重博大精深，炼字、行文、理想、情感、哲理、情怀等等，无论哪个

点，都值得语文老师精讲，但是对杜甫不同时期的诗，如果我们能选取一个点，引导学生整体把握，删繁就简，师生都会事半功倍。老师从一个"忧"字入手，引导学生抚摸杜甫的忧伤，感受其忧国忧民、悲天悯人的圣哲情怀。

3. 层层解读，集体建构

集体建构，就是事先不确定议题的答案，通过师生一起共享智慧，逐步构建文本的意义，在教师、学生和文本的视野融合中形成共识。《寓言的事与理》设计了四个活动，层层递进中找到寓言中事与理的桥梁并学以致用。先"速读猜想"《奇里村长和魔鬼》，初步推想寓言阅读的策略，再"经典印证"阅读《蚊子和狮子》《赫尔墨斯和雕像者》印证策略的可行性，接着"群文实践"运用策略阅读《狗和他的倒影》《橡树和芦苇》展开实践，最后"勇于挑战"上升难度挑战阅读《庚公之斯》。通过四个步骤，学生很快掌握了理解寓意的思维路径，并转为可操作的显性思维过程，探索并熟练运用寓言阅读的有效策略——寻变化，找原因，明寓意，从而快速正确的解读寓言。《抚摸杜甫的"忧"》设计了四个板块，由浅入深层层递进引导学生逐步走进、理解、感怀杜甫的忧伤。通过"烽火三月万金书"阅读《春望》，感受"眼中之景"萧条凄凉，通过"听妇致词泪倾盆"阅读《石壕吏》，感受"眼中之人"可怜可叹的悲惨生活，通过"屋破雨漏长夜沾湿"阅读《茅屋为秋风所破歌》，感受"眼中之己"穷困潦倒的处境，通过"安得广厦千万间"，感受杜甫悲天悯人、忧国忧民的"诗圣"情怀。

4. 求同存异，形成共识

共识，就是在教师、学生和文本的意见都得到了倾听和尊重的基础上，通过不同意见之间的对比分析和学生一起取得对知识的认同，但不必强求所有议题达成一致意见。人们常说"一千个读者心中就有一千个哈姆雷特"，阅读是有个体差异的，同一个议题，学生们探索的结果可能是多元的，这符合认知的规律。不过当探索的结果多元呈现时，教师可以引导学生通过对比分析，互补互证，提炼出更理性的认知，毕竟在莎士比亚心中哈姆雷特只有一个。比如寓言，切入的角度不同，归纳的寓意就会有差别，《蚊子和狮子》既可以说扬长避短，也可以说骄兵必败；再比如诗圣杜甫，有人被他的"世上疮痍民间疾苦"所感动，有人被他将个人的困难与家国民族联系在一起的深沉所感染。这些结论都是阅读带来的独特体验，应该受到尊重。

　　总而言之，群文阅读是简约而丰厚的，简约的是议题，是建构模型，丰厚的是选文，是因多篇而深化或因多简而多元或因多篇而升华的文本内涵，是实现开阔学生的视野、开发学生的潜能、开放学生的思想的价值追求。探索群文阅读使我们认识到文章不仅可以一篇一篇地教，也能一组一组地教。只要把一组文章看作一个整体，单篇文章看作是这整体的一个组成部分，然后按一定的目标、规则、标准等加以组织和引导，并持续的加以训练，最终一定能达到拓宽学生的阅读视野，提升思维品质、认知水平、审美能力以及文化涵养，从而提高语文素养的学习目的。

　　化繁为简，举重若轻的群文阅读教学值得我们每位老师投入更多的时间和心力去实践，去优化。我相信只要我们坚持"在游泳中学会游泳"，在阅读中学会阅读，那我们的师生一定能在群文阅读的过程中，慢慢体验到其中的乐趣，增强阅读能力，提高阅读品质。

整本书阅读教学设计两篇

　　语文课程标准中提出"多读书，好读书，读好书，读整本书"的要求，明确倡导阅读整本书。阅读整本书可以使青少年感受书中思想观念的结构性、系统性、完整性，文本逻辑的丰富性、多样性和协调性，因此就扩大了学生的阅读空间。相对于单篇阅读的精心剖析，整本书阅读可以得其大概，但要注重发掘文字的特性，勤于思考，自主阅读。

一、整本书阅读教学设计课例

《朝花夕拾》教学设计

【教学目标】

1. 指导学生通过寻找共鸣、知人论世、探究疑问，消除与经典的隔膜。

2. 引导学生学习分析人物的方法，引领学生提高读整本书的能力。

3. 引导学生阅读过程中丰富人生感受和体验、思考人生问题、增强文化积累。

【教学重难点】

1. 教学重点

（1）逐层深入阅读名著，结合作者生平写作背景理解作品思想。

（2）指导学生并引领学生提高阅读整本书的能力。

2. 教学难点

鼓励学生自主阅读、敢于质疑、学会简单赏析评价文学作品。

【教学策略】

本课设计为读后交流课，因此主要采用自主探究、合作交流等教学方法，充分调动学生的积极性，尊重学生的阅读体验，发挥学生的主体作用，并结合作品特点进行读书方法指导。

【教学过程】

（一）歌曲导入

导语：罗大佑的《童年》是一首老歌，却经久不衰，我们津津乐道地不仅是歌曲轻快的节奏，更是贴近我们童年生活的歌词，使我们仿佛又回到了难忘的学生时代。

播放歌曲《童年》，并出示歌词，学生谈从歌词中联想到的自己的经历。

一首歌之所以受到听众的喜爱，在于我们能够在歌中发现自己的生活；一部文学名著能够激发我们的阅读兴趣，往往也是因为书中有我们曾经或现在、拥有或渴望的生活。今天就让我们一起走进鲁迅的《朝花夕拾》，去书中寻找我们的童年。

设计意图：激发学生的阅读兴趣，引导学生体会共鸣。

（二）了解内容，寻找共鸣

1. 教师出示《朝花夕拾》篇目目录，引导学生回顾作品内容

教师简要介绍《朝花夕拾》，提问：《朝花夕拾》比较完整地记录了鲁迅从幼年到青年时期的生活道路和经历，其中哪个故事让你印象最深，你从中读出了鲁迅怎样的童年？

（教师引导学生回顾阅读的内容，并充分尊重学生的阅读体验，并适时引导学生在阅读中形成自己独特的阅读体验。）

2. 你有没有和作者相似的经历或故事？讲出来和大家分享一下

（教师引导学生：阅读文学作品，我们可以在阅读中去寻找自己与作品的相同或相似点，采用换位思考的方式，可以帮助我们理解作品。）

设计意图：用讲故事的方式回顾作品内容，并初步进行阅读方法指导——寻找共鸣，换位思考

（三）知人论世，探究疑问

（1）教师引导：《朝花夕拾》原名《旧事重提》，出版于1928年，当时鲁迅先生已经47岁，创作这部作品的目的不仅仅是怀念自己的过去，因此，很多同学在阅读作品时，有很多疑问，请同学们以小组为单位进行交流，尝试着解决疑问。

（2）教师引导学生介绍鲁迅生平和作品写作背景（学生介绍，老师补充）。

（3）教师小结：《朝花夕拾》虽是作者把自己放回到童年来讲述故事，但却是以成人的思考来审视童年的生活，既有对往事的温馨回忆，又有对一些问题的理性批判。

设计意图：指导学生通过了解鲁迅生平和写作背景，深入解读作品，理解作品的深刻思想。在指导中渗透阅读方法——知人论世，探究疑问。

（四）分析人物，深入理解

（1）教师引导：《朝花夕拾》中，鲁迅记录了自己生命中出现的一些人物，你们对哪个人物印象最深？为什么？

（学生自由发言，教师了解学生对人物形象理解的深浅程度）

（2）教师因势利导，指导学生分析长妈妈。

问题设置：

长妈妈是作者儿时的保姆，虽然身份低微，但在《朝花夕拾》中反复出现多次，梳理各篇中描述她的语句，分析其性格特点。

（3）教师组织学生发言，并进行点拨：长妈妈有愚昧迷信的一面，但她身上保存着朴实善良的爱，令作者永生难忘，从作品中你读出了作者对长妈妈怎样的情感？长妈妈是当时哪个体的代表？

（4）教师总结：《朝花夕拾》承载的是鲁迅温馨的回忆与理性的批判，在人物身上，我们真切地感受到鲁迅对他们或褒或贬的情感态度，而这看似寻常的情感态度实则体现了作者对人生、社会的深入思考，这正是名著的魅力所在。

设计意图：以长妈妈为例，引导学生学习分析人物的方法，指导学生以人

物分析为突破口，理解作品深刻的思想。

（五）课堂总结，畅谈收获

教师引导学生畅谈收获。

设计意图：通过教师引导学生总结，回顾学习过程，强化阅读方法指导。

（六）布置作业

细读《五猖会》，完成学习任务。

结合《朝花夕拾》，理解"温馨的回忆，理性的批判"，在书中进行批注。（必做）

《五猖会》为什么用将近一半的篇幅谈迎神赛会？在《朝花夕拾》其他篇章中有没有类似的写法？（选做）

《西游记》教学设计

【教学目标】

1. 通过阅读作品，把握该类故事的阅读方法：精彩的故事、典型的人物、深刻的主题。

2. 通过探究、交流，提高对名著认知能力和审美鉴赏能力。

3. 引导学生感受作品魅力的同时，思考人生问题，提高个人素养。

【教学重难点】

1. 说精彩故事，品人物形象。

2. 把握名著阅读方法，提高阅读整本书的能力。

3. 正确理解人物形象，认识作品的现实意义。

【教学过程】

（一）导入

1. 主题曲欣赏

欣赏《西游记》主题曲——《敢问路在何方》，并朗诵《敢问路在何方》歌词。

2. 讨论、交流

师：听着歌，读歌词你想到了什么？

我想到了孙悟空的七十二变。

我想到了唐僧师徒四人经历的九九八十一难。

我想到了好多好多的神仙和妖怪。

师：看来大家都聚焦到了《西游记》，这节课就让我们走进名著，走进《西游记》。（板书课题）

（二）回顾内容

1. 提炼主要内容

我们不仅读了《西游记》这本书，也利用假期看了电视剧，那么谁能用简单的几句话说说它的主要内容。

方法提示：主要人物+主要事件。

这本书主要讲了唐僧师徒四人西天取经，最终取得真经，修成正果。

这本书主要讲了唐僧师徒四人到西天取经，一路上斩妖除魔，经历了九九八十一难，最终取得真经，修成正果。

师：概括的很好，抓住了主要人物和主要事件。

老师这里有一些关于《西游记》内容的精彩章节的照片，你能说出每张照片的故事名字，并能给大家讲讲这个故事吗？

依次出示照片：猴王出世、龙宫借宝、三打白骨精、大战二郎神、取经归来。

2. 再说作者

师：从初读时对作者的了解到三遍读完后，你对作者的认识或了解有没有加深或发生变化？

学生对作者认识的变化：有的同学又进一步查找了作者的生平资料，有的同学说更加崇拜吴承恩。

（三）人物形象大家谈

1. "西游人物"之他见

出示其他读者和史学家对"西游人物"的评价，你是否赞同？为什么？

2. "西游人物"之我见

针对以上人物对"西游"人物的评价，说说你对他们的认识。（性格、脾气、弱点、优点等）

依据学生回答罗列总结：

（1）孙悟空

①乐观大胆、敢于战斗的叛逆性格，与神的变幻不测、猴的急躁敏捷十

分和谐地融为一体。

②理想英雄：敢于斗争、有勇有谋、无私无畏、积极乐观。

③凡人：心高气傲、争强好胜，容易冲动，爱作弄人。

（2）猪八戒

①性格温和、憨厚单纯、力气大，但又好吃懒做、爱占小便宜、贪图女色，经常被妖怪的美色所迷，难分敌我。他对师兄的话言听计从，对师父忠心耿耿，为唐僧西天取经立下汗马功劳。

②本性憨厚纯朴，呆得可爱；能吃苦，关键时刻能发挥重大作用。

（3）沙僧

①道德的典范，是黏合剂，调和剂。

②恩怨分明，坚持原则；忍辱负重，顾全大局。

③不善言辞，缺乏个性。

（4）唐僧

①精神境界崇高，实干能力不足。

②心地善良，信仰坚定，不畏艰险，勇往直前。

③是非不分，盲目慈悲，固执迂腐，懦弱无能。

（四）阅读迁移

1. 思辨

假如"西天取经"的这个队伍中，非得去掉一个人，你会去掉谁？说说你的理由，可以结合作品内容，也可以联系生活实际。（其他同学也可以反驳）

2. 生活链接

唐僧师徒克服八十一难，终成正果。在我们学习、生活的日子里，其实也是一样，有晴天，也会有阴天雨天雪天；在我们的人生道路上，有平川坦途，也有无舟之渡、无桥之岸。

那么，同学们，在人生的道路上，我们如何应对这些"磨难"呢？

3. 名著阅读方法总结

（1）观看前言后序，了解写作背景、故事梗概、主要人物。

（2）采用浏览法、跳读法阅读全文，把握文章大意。

（3）观看目录，了解故事情节。

（4）遇到不懂的，可以自己揣摩或翻阅参考书，作批注或摘记。

《水浒传》《三国演义》。

二、对整本书阅读教学的几点思考

阅读有助于丰润学生的心灵，启迪学生对于生活和人生的思考。一个人的精神品格，取决于这个人的阅读习惯；一个民族的精神境界，取决于这个民族的阅读素养。整本书阅读正是适应了当下的阅读需要，由关注整体阅读脉络形成阅读架构，产生自己对阅读的思考。目前整本书的阅读教学才处于起步阶段，需要老师们积极参与，共同探索优化策略。

1. 整本书阅读可以分为文学名著、经典作品阅读、非文学的学术著作阅读、非经典作品阅读等类别。我们要根据书籍类别追求对学生的专业性指导，让学生越读越爱读，越读收获越多，而不是一味强迫。

2. 基础教育的一个重要使命是培养爱读书、会思考的青少年。语文学科在承担这个重要使命上起至关重要的作用。当然整本书阅读也存在许多困难，例如：阅读时间被挤占，阅读方向需引导，阅读方法指导等。教师唯有明确认识整本书阅读的目的和意义，才能克服这些困难，有效推进整本书的阅读。

3. 名著阅读要课程化。要真正落实整本书的阅读，就要把名著阅读课程化。一本书可以分步进行，从名著导读课（阅读前的激趣），到对照过程指导课（阅读中的推进），再到成果展示课（阅读后的提升），在课堂上落实对整本书的阅读。

4. 整本书阅读的建议。有效推进整本书阅读，老师们首先要有整本书的教学意识，其次要讲方法指导，第三要有保障机制，如组建阅读小组，进行读书交流，设计阅读活动，形成读书成果等。

作家曹文轩"一个孩子必须阅读规模较大的作品，随着年龄的增长，越应当如此。因为大规模的作品，在结构方式上，是与短幅作品很不一样的。短幅作品培养的是一种精巧和单纯的思维方式，而长篇作品培养的是一种宏阔、复杂的思维方式。"阅读对思维的启思点就在这里。所以老师们一定要重视整本书阅读，立足当下，改善阅读现状（读图代替读书，浅阅读、碎片化阅读、伪阅读），不仅要应对中高考变化，更要致力于提升学生素养，让阅读成为习惯，成为生活不可或缺的组成部分。

第三章　反思教学过程

教学过程是指师生在课堂上共同实现教学任务中的活动状态变换及其时间流程。它由相互依存的教和学两方面构成，内部发展动力是教师提出的教学任务同学生完成这些任务的需要、实际水平之间的矛盾。中国古代教育家提出的"博学之，审问之，慎思之，明辨之，笃行之"（《礼记·中庸》）是对学习过程最早的概括。

教和学都是能动的因素，他们之间互相影响又互相促进，彼此进行着多方面的交流传递和交往反馈。教学过程是学生的认识过程，学生通过各科知识的学习，沿着人类认识真理的这条途径逐步认识客观世界的。学生的认识经历着从不知到知，从知之甚少到知之颇多，从知之不全到知之全面，从知之不确切到知之确切。教学过程也是促进学生多方面发展的过程，它包括智力的发展，情感、意志、道德品质和个性的发展，身体的发展等，是知、情、意、行的，相互统一过程。

教学过程也是教师自我提升的过程，教师在引导学生解决知与不知的矛盾过程中，也在不断丰富自己的知识体系，积累教学经验，摸索教学规律，使自己的教学技能更加成熟。在任何时代，任何历史条件下，教学过程的教育性，都是一个不容否认的客观事实。教师时时处处以自己的思想言论行为影响和教育着学生，把学生培养成社会所需要的人。所以，在教学过程中，学生不仅增长知识，发展能力，而且在思想感情、道德品质，观念、意志等方面也在发生着变化，需要加强教育和引导。

第一节　教学过程综述

现代教学论认为，教学过程不单是传授与学习文化科学知识的过程，同时也是促进学生全面发展的过程。教学与发展之间存在着内在的、必然的联系。要求教师在引导学生掌握知识的同时，全面发展学生的智力和体力，培养独立学习能力、学习兴趣和良好的学习习惯，以及从事创造性活动的能力；在学习知识过程中，逐渐形成人生观、价值观。教学既要适应学生年龄特征，又要尽可能促进他们生理和心理和谐的、充分的发展，在促进学生的一般发展的同时，促进个性才能的特殊发展。在教与学的关系中，要充分发挥教师的主导作用，引导学生成为学习的主人和发展的主体。

一、教学过程的三个基本要素

教学过程中，学生、教师、教学内容、教学方法、教学媒体、教学环境等等，是影响教学效果的基本因素，但就整体而言，教师、学生和教学中介是教学过程的三个要素。

1. 教师

教师是教学过程中的基本要素之一。教师是履行教育教学职责的专业人员，承担教书育人、培养社会建设者、提高民族素质的使命。教师通过承担各门课程的教学，向学生传授系统的科学文化知识，引导他们树立科学的世界观、人生观，指导学生主动地、有效地进行学习，营造良好的教学氛围来促进学生健康、快速地成长。教师在教学过程中的作用集中体现为"点拨"和"引导"。教师是教学过程中的主体之一，他必须根据一定的教学目标，协调教学内容、学生等因素及其关系。

2. 学生

学生既是教学的对象又是教学的主体。在"教"与"学"的矛盾中，矛盾的主要方面是"学"，即学生的学是教学中的关键问题，教师的教应围绕学生的学展开。学生通过自己的独立思考认识客观世界、认识社会，把课程、教材中的知识结构转化、纳入到自身的认知结构中去；学生发挥主观积极性，在主动探究的学习中锻炼自己，发挥自己的才能；学生经过自己的体验，树立正确的世界观、人生观、价值观。

3. 教学中介

教学中介也称为教学影响、教学资料，是教学活动中教师作用于学生的全部信息，包括教学目标，教学的具体内容，课程、教学方法和手段，教学组织形式，反馈和教学环境等子要素。

上述教学的三要素之间既相互独立，又相互制约，共同构成一个完整的实践活动系统。教师与学生是教学活动的主要承担者，没有教师，教学活动就不可能展开，学生也不可能得到有效的指导；没有学生，教学活动就失去了对象，无的放矢；没有教学影响，教学活动就成了无米之炊、无源之水，再好的教学意图、再好的发展目标，也都无法实现。因此，教学是由上述三个基本要素构成的一种社会实践活动系统，是上述三个基本要素的有机组合。各个要素本身的变化，必然导致教学系统状况的改变。教师在教学过程中应致力于充分发挥各种要素的作用，改善各种要素之间的相互联系，使之产生一种更大的整体"合力"，从而取得更好的教学效果。

二、教学过程的四个阶段

教学过程乃是一种有目的有计划的特殊的认识过程，它遵循的是感性认识和理性认识统一、认识和实践统一的规律，一般经过以下四个阶段：

1. 引导学生获得感性知识

通过观察、实际操作以及实验等等活动丰富学生的表象，并要求这些表象有明确的目的性和典型性，以便迅速有效地达于理性认识，同时发展学生的观察能力、想象能力。

2. 引导学生理解知识

引导学生由感性认识向理性认识转化达到理解阶段。所谓理解，就是揭示事物之间的内在联系，把新概念在头脑中纳入已知概念的系统，由已知概念向新概念转化，即形成新概念。随着现代科学技术的发展，科学概念或规律性知识在教学过程中愈来愈具有重要作用和主导地位。引导学生学会独立地利用已知概念探索新知识，是发展创造性思维和独立学习能力的中心环节，是不断形成和发展认识结构的基本条件。

3. 引导和组织学生进行实践作业

教学过程的实践形式和一般社会实践形式相比较，既有共同性又有特殊性。口头作业、书面作业、实验、实习、实际操作以及美术、音乐和体育活动等等，是教学过程中的特殊实践形式，其目的在于印证知识或运用知识形成各种基本技能和技巧，培养独立学习能力并促进学生全面发展。此外，在教学过程中还要求充分利用学生在生活中获得的直接经验，同时要求防止某些错误的直接经验对学习新知识和技能的干扰作用。学生的技能、技巧的形成，一般是由掌握知识开始，逐步转向半独立作业，并通过合理的练习，达到较完全的独立作业。

4. 检查和巩固知识

无论在形成感性认识或形成新概念，以及从事实际作业阶段，都包括有合理的检查和巩固工作，而检查和巩固又可构成教学过程相对独立的特殊环节，系统的检查和巩固工作是教学过程继续前进的基本条件之一。检查和巩固是教和学的双方的活动，其最终目的是要教学生学会自我检查和纠正学习中的错误，并善于充分利用意义识记和逻辑记忆来巩固知识、技能和技巧。

教学过程的四个阶段是相互渗透、相互促进的环节，并具有相对的独立性。并不是每一堂课的教学都必经这些步骤，不能作为呆板的公式看待。教学过程既可以由具体到抽象，又可以由抽象到具体；既可以由认识到实践，又可以由实践到认识。

三、教学过程的三个特点

1. 双边性与周期性

教学过程是教师与学生、教与学组成的双边活动过程，是教师的教与学生的学的矛盾统一。师生的双边活动，师生之间相互作用，不断发生碰撞、交流和融合。通过碰撞、交流达到融合以后，又出现新的矛盾——新知与旧知、未知与已知的矛盾，产生新的碰撞和交流，是一种波浪式的前进。教学周期的运转导致了教学过程的实现。

2. 认知性与个性化

教学过程是学生在教师的指导下的特殊的认识过程。与人类其他的认识活动相比，它不是为了直接创造社会价值，而是为了实现学生个人的思维创造，即人类的"再创造"，因而，这种认识活动关注认识的结果，但更注重认识的过程，关注学生在认识活动中的发展。学习者必须积极地建构意义，通过对话及思考过程或与他人互动，获得对知识的理解，实现个人的发展。随着社会历史的发展，教学过程会越来越丰富化、生动化和个性化。

3. 实践性与社会性

教学过程也是学生在教师指导下进行的学习实践活动。与此同时，教育、教学活动是自人类社会产生以来就具有的一种社会活动。新生一代通过接受、继承和发展上一代传授的文化成果得以生存和发展，体现出鲜明的社会性。

四、教学过程的五点必然联系

1. 间接经验和直接经验的必然联系

学生认识的主要任务是学习间接经验；学习间接经验必须以学生个人的直接经验为基础；防止忽视系统知识传授或直接经验积累的倾向。

2. 掌握知识与发展智力的必然联系

智力的发展依赖于知识的掌握，知识的掌握又依赖于智力的发展；引导学生自觉地掌握知识和运用知识才能有效地发展他们的智力；防止单纯抓知识教学或只重能力发展的片面性。

3. 掌握知识和提高思想的必然联系

学生思想的提高以知识为基础；引导学生对所学知识产生积极的态度才能使他们的思想得到提高；学生思想的提高又推动他们积极地学习知识。

4. 智力活动与非智力活动的必然联系

非智力活动依赖于智力活动并积极作用于智力活动；按教学需要调节学生的非智力活动才能有效地进行智力活动、完成教学任务。

5. 教师主导作用与学生主动性的必然联系

发挥教师的主导作用是学生简捷有效地学习知识、发展身心的必要条件；

调动学生的学习主动性是教师有效地教学的一个主要因素；防止忽视学生积极性和忽视教师主导作用的偏向。

五、教学过程的两大功能

教学过程的功能，是指参照教学目标而在教学过程中能收到的实际效果。

1. 育人功能

即通过教学过程使学生学会做人、学会生存、学会求知、学会发展。

2. 发展功能

教学的基本出发点和终极目标乃是学生身心的全面、健康、和谐和可持续发展。首先，教学过程的一个重要任务是引导学生探索知识，进而理解和掌握知识。其次，教学过程不仅是传授知识的过程，而且是学生形成基本技能的过程。再次，教学过程也是教给学生独立获得知识的能力，形成一定的技能、技巧，并内化为个人的经验、智慧和能力。最后，教学过程不仅使学生学习知识，形成技能、培养智慧和能力，而且还发展情感、态度和意志品质。

六、教学过程的基本环节

（一）教师教学的基本环节

1. 导入新课

通过复习、游戏、故事、直接，问题、悬念、经验等策略引入教学内容，营造学习氛围。

2. 讲授新课

根据所设置的教学目标进行讲解，引导新知识的学习。

3. 巩固练习

根据教学内容进行针对性的训练。

4. 课堂小结

围绕教学内容、知识点进行总结或归纳。

5. 作业布置

可以是基础知识作业，也可以是探究型作业，或者实践作业，巩固拓展教学内容。

6. 板书设计

标明教学重难点，条理清晰，层次分明。

（二）学生掌握知识的基本环节

1. 引起求知欲

教学应从诱发和激起求知欲开始，从做好学习的心理准备开始，产生了知与不知矛盾，出现了求知的内在动力。

2. 感知教材

如果学生有了必要的感性知识，形成了清晰的表象，则理解书本知识就比较容易。

3. 理解教材

是学习的中心环节。学习是以掌握人类已知的文化科学和技术基础知识为主，经教师的传授和引导，以求在较短时间完成学习目标。

4. 巩固知识

只在理解的基础上牢记所学基础知识，才能顺利吸收新知识，自如运用已有知识，发展学生的记忆力。

5. 运用知识

重视运用知识，培养学生的技能技巧。

6. 检查知识、技能、技巧

培养学生及时对所学知识作自我检查的能力和习惯是非常必要的。

教与学的各个环节，根据具体情况灵活运用，注意阶段之间的内在联系不要割裂，每个阶段的功能都是整个教学过程中不可缺少的因素。

第二节　反思导课与收尾

我们经常说做人做事要善始善终，上课也是如此。一堂好的语文课也应该开得巧妙，收得精彩。所以，当我们反思一堂初中语文课时，它的导入和收尾是我们重点要关注的要素之一。要想反思到位，首先要对初中语文课堂有效的导入和收尾有明确的定位和认知。

一、先声夺人的课堂导入

课堂导入是指教师在讲授新知识的过程中，有意识地将学生引导到较好的学习环境中，并完成各种任务的教学行为。导入学习的质量直接关系到学生对新知识接受的有效性。

美国的知名心理学家奥苏泊尔认为教学的意义在于学生将所有的教学内容和自己的认知充分结合起来，同时学生必须具有主动学习的态度，并从旧的知识结构中找到新的知识点，真正实现有意义的高效学习。在此基础上，教师必须首先准确地衡量学生的知识基础，使学生对先前知识的背景进行充分的理解，选择合适的先行导入材料，实现新旧知识的同化，并提高知识的涵盖面。

（一）初中语文课堂导入存在的问题

1. 缺乏恰当的导入意识

对于教师教学来说，导入意识并没有成为教师教学理念的一部分，很多教师在教学过程中过度忽略学生的学习情况，很多课程有导入环节，但是只是平淡的通过文字的方式讲解进入新课程，没有充分引发学生兴趣，激发学生继续进行课程的学习。很多教师对课堂的导入环节关注程度相对较差。首先，缺乏一定的课前互动环节，很多学生没有对学习过程有充分准备。其次，学生一般是按照老师设计的路线进行学习，对课堂知识的学习缺乏一定的动机，思维一般较为被动，很难真正融入于课程环节中。

2. 忽视调动学生的生活经验

对于导入活动来说，其内容一般以学生的生活经验作为最重要的切入点，但是相当的课堂导入并未重视学生的生活经验，没有充分提高学生的生活动力，无法激发学生从熟悉的生活世界中探索未来，课堂中的导入环节只是教师的自说自话，没有真正激发学生的兴趣，起到导入工作的真正作用。

3. 缺乏导入目标定位

许多教学导入存在较为笼统的问题，其维度较为单一，并未分析到实质性的问题。有些导入过程中已经充分的引出了课程文本内容，如引出课文的题目等，但是相对来说，缺乏一定的情感引入，表面上各种图片、典故、资料都有，但是真正的情感等实质问题没有进入到课堂中，教师对新教材的把握程度相对较差，并未对教材进行充分的定位，有时甚至会导致新知识与旧知识的冲突等问题。

4. 导入类型的僵化

有调查显示，在初中语文课堂导入方式中，针对语言的导入占据了总体的60%，利用一些实物等趣味性的导入方式所见不多。语文是一种具有较强多元性的学科，如果较多的模式化语言，无法真正地提高学生的积极性，调动学生的各类感官，理解世界万物和各类生活趣事等。在具体的导入方式选择中，我们可以根据学生的具体学习情况和当前的教育条件，选择或者制作各类创新性的音频资料，图片资料，或者教学行为等，让学生可以在欢声笑语中加深对知识的理解，并产生耳目一新的感觉。

（二）中学语文课堂导入的常见方法

于漪老师说："课的开始好比提琴家上弦，歌唱家定调，第一个音定准了，就为演奏或歌唱奠定了基础。上课也是如此，第一锤应敲在学生心灵上，像磁石一样把学生牢牢地吸引住。"教师上课精彩的导入，总能在最短时间内集中学生的注意力，掀起他们的情感高潮，从而激起他们旺盛的求知欲，为本节课的学习奠定良好的基础。导入方法虽无定例，但若想在课堂开始就掀起一个小高潮，先声夺人，就要选好一个恰当的切入点，然后根据自身条件巧妙导入。常见的导课方法有以下几种：

1. 故事导入

讲传说、听故事是初中学生大都喜闻乐见的。上课伊始，一个动人的故事，一则美丽的传说，会使他们很快安静下来，教师就可以把握住这有利时机，把学生的无意注意及时转换到有意注意上来，达到导入新课的目的。但是必须使故事传说的内容能自然地和讲课内容联系起来。

例如：中学语文课本中只有两篇驳论文，《不求甚解》和《中国人失掉自信力了吗》，驳论文中常用到的归谬法对初中生来说绝对是个难点。如何进行难点突破？直接讲概念，归谬法就是根据对方错误的观点推论出一个荒谬的结论。这绝对不是一个好的策略，老师讲得口干舌燥，学生可能还是一头雾水。可是，我听过有位老师这样讲归谬法，既轻松，又让人印象深刻。

这位老师给学生讲了一个故事：加拿大人朗宁从小在中国长大，他竞选州长时，对手攻击他说："听说你吃中国妈妈的奶长大，那你身上一定有中国血统。"朗宁回答："不错，我是吃中国妈妈的奶长大的；不过，有确凿的事实证明，你是吃牛奶长大的，可见你身上一定有牛的血统。"这个故事立刻引得学生放声大笑。这位教师趁热打铁，请学生分析朗宁是怎样反驳对方的，对手观点是吃什么奶长大就有什么血统，朗宁由此推论对手吃牛奶长大就有牛的血统，根据对手观点居然推论出一个人竟然怀有家畜的血统，还有什么比这更荒谬的？学生在好笑之余，轻松地明白了何为归谬法。正是这个有趣有效的案例分析，给课堂创造了一种欢乐的气氛，使学生在轻松愉悦的心境中吸收了知识的营养，为下文的教学奠定了良好的基础。

开课前，讲讲故事，让学生在轻松的、诙谐的、哲理的氛围中入课。讲故事的人可以是老师，也可以是一两位学生，（如果要求学生讲故事，一定要事先布置，否则可能耽搁很多时间）。所讲故事，可以是小笑话，寓言故事，民间故事，可以是书上看到的，也可以是自己听到的，甚至亲身经历的。但一般来说故事引入法应简短，不宜占用过长的时间，否则就喧宾夺主，影响后面正文的教学。

2. 质疑导入

古人云："学则须疑"，"非学无以致疑，非问无以广识"。教师提出耐人寻味的问题，吸引学生的注意力，造成悬念，促使他们动脑筋，认真思考，能使学生的求知欲由潜伏状态转入活跃状态，有力地调动学生思维的积极性和主动性，教师则顺势引导，步入新课。"不愤不启、不悱不发"，悬念能够引起学生的好奇心和求知欲，进而启动思维积极投入到学习活动之中，当学生处于这种心求通而未解，口欲言而不能得"愤""悱"状态时，教学过程将随之顺利高效地得以进行。

3. 复习导入

《教学论》中说："复习不是为了修补倒坍的建筑物，而是添建一层新的楼房。"古语说："温故而知新""学而时习之。"由复习旧课导入新课是最常用的方法，有利于知识间的衔接。提问复习和新课内容密切相关的已经学过的知识，几个问题就可以引起学生的积极思考，过渡到新课也十分自然。

例如在上苏轼的《江城子·密州出猎》，可以这样导课：苏轼是一位我们熟悉的作者，我们学过他的《记承天寺夜游》《水调歌头·明月几时有》，大家一起背诵回顾一下。背完后，老师说："在《记承天寺夜游》中我们认识了一位豁达乐观，悠闲通透的苏轼；在《水调歌头·明月几时有》中，我们看到了一位兄弟情深，心怀美好的苏轼。那么在《江城子·密州出猎》中我们又将见到一位怎样的苏轼呢？"就这样，旧知识和新课就巧妙地衔接起来了。

为了让所教内容更直观，还可用一些相关的实物作引入。如一位老师在上毛泽东的新闻《人民解放军百万大军横渡长江》时，老师用新近的报纸作引入。用大家熟悉的报纸作引入，同学们会觉得亲切，再让几位学生读几则报纸上的新闻，学生更是跃跃欲试。通过学生的读读听听，学生对新闻会有一个直观了解，这样以熟带生，能让学生更快进入课堂。

4. 演示导入

教师通过实物、模型、图表、幻灯等教具的演示，引导静心观察，提出新问题，进而过渡到新课教学之中。这种方法有利于培养学生的观察能力，形成丰富生动的表象，促进形象思维向抽象思维的抓化，比较适合学生的思维发展特点。

《华南虎》诗人牛汉的一首现代诗，诗人把苦难和血性赋予了一头被囚禁的华南虎。一位老师在上《华南虎》时这样导入。她先展示了一张山林中老虎的图片，然后让同学们用一个词形容它。同学们有说森林之王的，有说啸傲山林的，有说虎虎生威的，有说自由奔放的，等等。接着老师又展示了一张笼中虎的图片，然后自然的导入课题："虎贵为百兽之王，本该纵横山林，可是，如果有一天它身陷囹圄，失去自由，它又会做出怎样的选择？今天，就让我们一起走进这只华南虎，去倾听一个不羁灵魂的呐喊。"

5. 激情导入

人的思维活动不是凭空产生的，而是借助于情境的刺激作用。在教学环境中，教师善于创设情境，正是引起学生创造性思维的重要条件。美的语言总能打动人心，用恰当而优美的语言导入，将会收到意想不到的效果。导入新课时教师如果能创设一种情绪气氛，或是恰到好处地用上比喻、押韵、对比等手法，再引用一些诗文名句，都能感染学生，使学生带着一种激情来学习，学生便能增强学习兴趣，主动学习。

一位老师在上《艰难的国运和雄健的国民》一篇课文时，她用沉痛的语调讲述了文章的写作背景——清末那段积贫积弱的屈辱岁月，又慷慨激昂地朗读课文，将李大钊写此文时那种屈辱、悲壮、激越的情感，清晰准确的传递出来。教师的激情成功的感染了学生，营造了良好的学习氛围，使教学十分成功。

对某些写景抒情性的文章，特别适合采用此法。如一位老师上朱自清的散文名篇《春》时，大量的引用写春的诗词名句，充满激情的引导学生：同学们，有人说过：冬天来了，春天还会远吗？从中我们可以看出人们对春天的渴盼。是的，"不知细叶谁裁出，二月春风似剪刀""最是一年春好处，绝胜烟柳满皇都"。春是美好的，迷人的，让人充满遐思的，今天就让我们一起走进朱自清先生的散文名篇《春》吧。这样的开头会给学生一种激情的动态美，学生很快就进入了课文的学习。

6. 流行因素导入

此处的"流行因素"，是指流行于学生中的话语、歌曲等。当教师用上这些因素时，会引起学生强烈的反应，使学生产生共鸣，点燃他们思想的火把。因为学生平时的情感体验被调动了起来，他们会觉得和老师、课堂的距离更近了，从而掀起课堂的一个情感高潮。借用流行因素导入，需要教师多与学生交流，时刻关注社会生活，以了解学生的喜好，跟上时代，并巧妙地把流行因素引向积极的一面。

一位老师在上《盲孩子和他的影子》一文时，先播放盲人歌手萧煌奇的歌曲《你是我的眼》，"如果我能看得见，就能轻易分辨白天黑夜……如果我能看得见，生命也许完全不同……是不是上帝在我眼前遮住了帘，忘了掀开……"真挚的期盼在歌手深情的演绎下动人心魄，同学们都被深深地打动了。老师在歌曲的余韵中动情地说："人生需要陪伴与引领，就像歌词里说的那样'你是我的眼，带我领略四季的变换；你是我的眼，带我穿越拥挤的人海；你是我的眼，带我阅读浩瀚的书海；你是我的眼，让我看见这世界就在我眼前'，我们每个人都渴求一位能与我们肝胆相照患难与共的朋友陪伴引领我们去阅读这个世界，而一个盲孩子比我们更加需要，今天我们就一起走进《盲孩子和他的影子》，去感受陪伴与成长，爱与被爱的故事。"这样的导入很成功的调动了同学们的学习兴趣，引起了情感共鸣。

7. 即兴导入

根据上课时的具体情况，灵活入课。如一位湖北的老师在上文言文《三峡》一文时，由于居住地刚涨了水，且放了洪水假，学生对洪水印象深刻，他就用这事来引入："同学们，我们刚放了洪水假回到学校，对洪水的印象深刻吧？"几乎所有的学生都会点头，七嘴八舌发表感受，待他们议论一两分钟之后，老师再引导，"其实有一位古人描写三峡的风景时，就写到夏季的三峡，洪水滔滔，一泻千里，气势不凡，我们愿意感受一下吗？"

8. 歌曲导入

所谓的歌曲引入法，就是在上课前，用歌曲引入。可以放歌曲，也可以唱歌曲，还可以教歌曲。一位老师上朱自清的《背影》时，放了刘和刚演唱的《父亲》，感染学生，并让学生联想自己的父亲，接着问：朱自清先生的父亲是怎样的一位父亲呢？还有一位老师在上苏轼的词《水调歌头·明月几时有》时，干脆就放起音乐，直接教学生先唱这首词，然后再适当进行讲解。这样可以抛开对课文烦琐的肢解，让学生在妙曼的音乐声中感受作者在"出世"与"入世"间的矛盾心情，以积极乐观的旷达情怀作结，以及对亲人的美好祝愿的情怀。

9. 游戏导入

在上《事物的正确答案不止一个》这篇议论文时，为了让学生尽快入"戏"，一位老师没有直接用正文前的图案例子，而是准备了一些扑克牌，告诉学生，我们先来做一个游戏。让学生将扑克上的各种点子，用数学方法组成数字24，学生看到熟悉的扑克时，肯定会兴奋，然后面对老师的要求自然会感兴趣。而学生通过动脑动手，形象感知，事物的正确答案不止一个，然后再引出课题。

10. 穿越导入

"穿越"是时下的热词。所谓的穿越导入，就是在上课伊始有意识地让学生回忆课本上曾经学过的知识，以此检验学生的记忆，调动学生的情绪。当然，所回忆的一是要与当天所学课文有关，二是要尽量是大多数学生能回忆起的，否则会冷场，达不到激发学生快速入课的愿望。如上《阿长与山海经》时，一位老师就事先抛出：同学们，让我们穿越一下，回到七年级，那时我们学了一篇课文，里面讲到有一个人能讲"美女蛇"的故事，这个故事让作者既害怕又觉得神奇，这个人是谁呢？这样一问，大家都会纷纷穿越，回忆。当然，有很多同学马上会想起，这个人是鲁迅先生的回忆散文《从百草园到三味书屋》里边提到的长妈妈。老师再顺势引入：长妈妈就是阿长，她到底是怎样一个人呢？其实她是鲁迅小时候家里的保姆，她与《山海经》这本神异的书会有何关系呢？通过这样的提问，学生带着极大的兴致进入了新课，同时又让学生回忆了旧课，能回忆起这些内容的学生肯定很兴奋，特有成就感，没能想起的，也可能激发他们认真学习新课的欲望，以便今后可以回忆展示。

11. 标题猜读导入

所谓的标题猜读法，就是看到题目之后让学生不要急于看课文内容，先猜猜这样的题目，作者会写些什么呢，如果是我来写，又会如何写？当然，这种方法，一般适合课文标题本身就有悬念的，或者看着标题可以思绪万千的，还有这篇文章是大多数学生事先没预习的。如在上牛汉的《我的第一本书》时，一位老师开门见山就说："同学们，今天我们一起来了解牛汉的《我的第一本书》。"接着，学生自然就会翻开书，找到这课，眼睛习惯快速落到课文题目及内容上。老师及时制止说："大家不要急于看课文内容，看着题目先猜猜看：作者的第一本书是什么书呢？你对你的第一本书还有印象吗？"通过这样的思考，待学生了解了内容之后，可以加深对学生的思想道德教育，让学生珍惜现在的学习生活。猜读法，实际上巧妙地应用了欲擒故纵法。标题有悬念，大家都有一个共同的心理，想急切了解内容，可老师偏又暂时不让，这样可以激发学生的求知欲望。同时，让学生猜一猜课文内容，可以锻炼学生的发散思维能力。

（三）提高中学语文导入教学有效性的策略

1. 积极转变观念

当前各类教学观念已经渗透入我们的教学过程中，在改变教学策略之前，必须优先改变教学观念。初中的语文教师必须勤于观察，勤于思考，在生活中发现各类好的教学资料。教师必须改进过去导入无用论等落后观点，真正利用导入环节提高学生的兴趣，激发学生的思考意识，引导学生进行课后反思，并对课堂中的问题进行全面分析。例如，在进行科普类课文的学习过程中，教师可以适当增加导入环节的教学内容，使用多媒体等方式展现一些研究的相关背景等，真正帮助学生把握课文的内容。

2. 提高专业素质

一名优秀教师必须把自己的教学理念全面转变成为自身的实际教学行动。首先，教师需要有丰富的专业知识基础，对于中学语文来说，其学科背景较为丰富，需要较为扎实的语文知识储备，教师必须充分完善自身的语文知识基础，并不断学习和模仿优质课资源，创新出符合自身发展的教育教学模式，真正丰富自身的理论基础。其次，教师要学习先进理论，以提高教学工作的合理性和有效性。

3. 根据学情确定导入内容

对于课堂导入教学的设计工作来说，必须熟悉学生的学习情况，并对学生的学习经验和知识结构等进行全面的掌握，在导入新课的具体过程中，可以根据学生对旧课程的理解和认知等找到新型的导入教学方案。例如，在学习鲁迅《朝花夕拾》之前，教师可以引进之前学过的鲁迅《呐喊》中的文章，帮助学生更好地理解鲁迅文章的风格。另外，鲁迅的文章写实较多，教师可以向学生构建生活场景，引导学生对自己的生活进行全面的思考，并真正找到符合自己认知行为和思维习惯的学习方法。在老师的指导下将新旧知识更好地同化，转变成为自己的知识。在学习文言文时，很多虚词的意义相似，教师可以根据学生的学习情况在课堂中导入虚词练习，引导学生进入新课的学习之中。对于学生的生活经验来说，常会听各种音乐，看视频等，教师可以整合各类资源，使学生在学习过程中感受之前的知识，并逐渐学习未来的知识。

4. 清晰学习目标

必须保证学习目标的正确性，课堂导入的内容应该不偏不倚，先行组织者不能将学生与课堂的学习资料强行建立联系，要有针对性的导入各类教学知识和情感体验。首先，要全面的分析学习的重点目标，并掌握各类的学习资料中较为关键的部分，确保导入的内容有一定的深度。其次，对于课堂的导入过程必须紧抓文章的主题情感，可以适当使用情感渲染的方式，激发学生的情感，促使学生能够动情并入境。

5. 灵活导入形式

对于课堂的导入来说，形式可以灵活多样。例如，可以进行课前的即兴演讲，并配合各类视频，可以实现以诗入文或者以画入文等，也可以把各种方式进行巧妙的结合，并给予学生适当的感官刺激，引导学生使用已有的认知基础去理解新的内容。

课堂的导入是在课堂教学中实施素质教育的前沿阵地，只有精心设计和精湛运用导课艺术，才能使其与整个课堂教学艺术和谐统一，从而取得良好的教学效果。教学有法，教无定法。随着时代的进步，老师们一定还可以挖掘、创新更多更有效的导入方法。这一切都要围绕一个目标，那就是为学生学习新知创造一个愉悦、和谐的教学氛围，唤起学生学习的自觉性和创造性，让学生愿学、善学、乐学。语文是一门充满艺术性的学科，并同时具有一定的灵动性，初中语文课堂的导入必须从学生的学情出发，使用多样的理论进行设计，构建多样化的中学语文课堂。

二、回味悠长的课堂收尾

心理学研究成果表明，学生对一堂课的开头和结尾的印象最为深刻，好的开头具有巨大的凝聚力，能把学生散乱的精力一下子集中到本节的内容上去，为整节课的教学奠定一个良好的基础。有了良好的开端和成功的过程，但如果结尾草率收场，整个课就会黯然失色，导致功亏一篑。收尾，亦是课堂教学结构中的一个重要组成部分。明代人谢榛在《四溟诗话》中云："起句当如爆竹，骤响易彻；结句当如撞钟，清音有余。"导入安排得巧妙，固然能起到先声夺人、引人入胜的作用，而收束也不可小觑。写作如此，教学也当如此。教师既要强调导入，也要讲究收束，使学生一进入课堂，便在美的享受中开始，最后又在美的陶冶中结束。那么，怎样才能给学生留下"铜钟一击，余音袅袅"之感，使课堂的结尾意味深长呢？

（一）语文课堂收尾的原则

1. 因"课"制宜与自然和谐的原则

每节课所讲的内容不尽相同，有的甚至千差万别，因此在收尾的方式上不能强求一致，而要因"课"制宜。所谓因"课"制宜就是指什么样的课就采用什么样的收尾方式，这完全由本课的内容来决定。但这种做法还须达到这样一个效果——自然和谐，即让人感觉结尾时没有任何斧凿的痕迹，前后连贯，浑然一体。

2. 巩固所学与促进人的发展的原则

传统的语文课堂更多地关注本节课的知识是否掌握，重在"传道、授业、解惑"，如上文中的总结式收尾、作业练习式收尾就是典型的例子。而现代教育则更加关注人的发展，把"教人"摆在了课堂教学的首要地位。所以在收尾的时候，不但要着眼于能否巩固本节课所学的知识，还要看能否促进学生的发展，如情感熏陶式收尾、感受评价式收尾就可以弥补这方面的不足，它们可以促进人的情感的崛起，创造力的展示等，所以不失为一种值得提倡的新的收尾方式。

3. 基于课堂又走出课堂的原则

课堂的收尾基于课堂的内容，课堂的内容在一定程度上决定着课堂的收尾，但又不能仅仅抱着课堂内容不放，在结尾的时候也不敢"越雷池一步"。我觉得，课堂内容讲多了，收尾时不妨"走出去"，对课堂内容进行大胆的延伸，这不失为一种明智的做法，课堂结尾既是一节课的终点，也是新的知识之旅的起点。

（二）语文课堂的收尾方式

1. 直截了当式收尾

这种方法是最常用的一种方法，如："同学们，这一节课的内容就进行完了。"此种方法宜在一定的条件下适用：一是本节课的教学任务全部完成，顺利达到了教学目的，这时就不必再多说一些；二是学生近日各科学习任务较重，需要得到休息，以缓解大脑的紧张状况，与其结尾再多说一些，倒不如来一紧急刹车，戛然停止好些。

2. 总结式收尾

总结式收尾是一种较为传统的收尾方式，是任何课都可以使用的方式。

但这种人人皆知的方式有一些不足的地方，笔者在平日的课堂上有切身的感受，因为总结的时间大多是在快要下课的时候，总结的内容也不新鲜（刚刚讲过），所以不少学生就会出现放松的情况，尤其是当一节课的容量很大时，这时总结收尾效果是不佳的。

3. 重点回顾式收尾

这也是老师们习惯使用的一种方法。每讲完一节课之后，都回过头来总结一下本节课所讲的主要内容，归结为几点或几条，重点是什么，反复强调一下，强化记忆。这种结尾的好处是，在学生们学习了一节新课之后，对主要内容和重点，能做到眉目清晰，记忆牢固。

4. 情感熏陶式收尾

情感熏陶式结尾是一种较好的收尾方式，它特别容易达到"三维目标"中的情感目标，尤其是关于"至爱亲情"的情感类题材的文章，用音乐或其他的某种手段对学生进行熏陶，在熏陶中结束一课，不失为一种好的方式。

5. 积累拓展式收尾

积累拓展式收尾也是目前较为流行的一种收尾方式，它是指在学习完了一篇文章后，让学生积累拓展一些和本课有关的故事、名言、美语等。例如，学习了《父母的心》后，教参就给出了不少有关父母怜爱子女的名言、谚语等，在课堂收尾的时候，可以出示给学生，这样学生学习一课，既得到了相关知识的拓展和延伸，又可以开阔眼界，丰富知识储备。

6. 留有余味式收尾

老师在讲课时，有些要重点讲，有些要略讲，有些则故意不讲，只做简单提示，留下让学生自己去做，培养学生自己动手、动脑、刻苦钻研的习惯。如一道应用题有几种解法，在课堂上老师只讲其中常见的一种或两种，其余方法留下不讲，让学生自己去做。语文上，可以推荐学生阅读与本课文本相关的文章或著作。这样，能帮助学生稳定课堂上的学习兴趣，有利于知识的巩固。

7. 布置作业式收尾

这也是一种较常用的结尾方法。在一节课的结尾布置预习下节课或是完成课后作业和补充作业，目的都是巩固本节所讲内容。必要的练习对巩固所学的知识具有无可替代的作用。钱梦龙先生在《中学语文教学》上再次呼吁"给练习留一点位置"。我们不一定要花费很多的时间，但在课堂收尾时进行一些练习是值得肯定的做法。特别要注意的是练习要适量，让学生在兴趣盎然中就能完成。否则，作业布置太多，压得学生透不过气来，造成负担过重，会影响学生的身心健康。

8. 章回小说式收尾

"这节课就讲到这里，××问题等下一节课接着讲。"此种方法宜在教学任务较重，需要两课时以上的情况下适用。这就要把教学任务像章回小说那样分成"几章"（几课时），但不一定死搬参考书，要根据教材实际而分，要善于找个"节骨眼"，像章回小说那样在关键的"节骨眼"上"刹车"，造成一种悬念。这样有利于促进学生探求新知。

9. 朗读品味式收尾

"没有琅琅的读书声就不是一节好的语文课"，自从新课标实行以后，朗读的重要性得到了充分的认识，因为它对于学习语言，培养学生良好的语感具有无可替代的作用。那么，朗读何不贯穿一节课的始终呢？如《阿里山纪行》一课中"树木姿态各异，如幢顶，如伞盖，如古寺宝塔。他们排列整肃，如孙武之军阵，秦皇之兵……"学生在这些美句的朗读中结束了一课，他们除了体验到阿里山的美外，还品味了作者那如诗如画般的语言。

10. 表扬鼓励式收尾

喜欢表扬，是人们共有的心理状态。一节课结束后，总结一个成绩，对学生进行表扬鼓励，会使学生受到莫大的鼓舞。特别在某一章某一节即将结束的那节课的结尾，或是在一次测验之后的评卷课的结尾，运用此法，定会显示出意想不到的效果。或者课堂赠言，对学生提出某种积极向上的期许，这些都能激发学生的学习热情。

11. 感受评价式收尾

一节课学完以后，学生自己肯定有一些感想，可以对学生的观点进行评价，可以在快要收尾的时候让学生"畅所欲言"，在新课标倡导的"自主、合作、探究的学习方式"的背景下，感受评价式收尾更具有时代意义。它可以激发学生的"主动意识和进取精神"，培养他们的质疑和创造能力，对于"育人"至关重要，我们可以让学生谈谈自己阅读文章后的整体感受，也可以就文章的某一点谈谈自己的看法。

"好的开始是成功的一半"，人们对开头的作用已有充分的认识，与之相对的是，对结尾的认识却有疏忽的情形。其实，一个耐人寻味的课堂结尾，对于帮助学生总结重点，理清脉络，加深记忆，巩固知识，是十分重要的。课堂收尾的技巧也是丰富多彩的，以上所述仅仅是一孔之见。当然，收尾的技巧不是唯一的，既能单独运用，又可融会贯通，总的原则是不落窠臼，能收到良好的教学效果。

第三节　反思优质课堂评价要素

我们都知道一篇好文章的结构一般是"凤头""猪肚""豹尾"。一堂中学语文优质课也应如此。在这三个要素中，最重要的当然是"猪肚"，也就是教学内容要丰厚有内涵。所以，在课堂教学中，好的开头将学生学习的热情调动起来后，教师就要抓住这个教学过程的"黄金时刻"，形成教学高潮，完成教学任务的核心部分，然后再灵活收尾，这样才能收到好的教学效果。

所以，当我们反思一节中学语文课是否优质时，关注点要聚焦课堂"猪肚"部分，也就是反思课堂主旋律是否引人入胜，反思是否高质量地完成了教学目标，反思学生是否学有所得，等等。

作为一名教师，谁都希望自己的课是优质课，是精品课，至少是有效课堂。那么，怎样的课属于优质课？优质课需要具备哪些要素？评价标准又是什么？

一、中学语文优质课堂评价要素

（一）优质课评价表

我们都知道，在各级各类教学竞赛中会涌现出来很多的优质课，这些课是通过统一的评价评分标准评选出来的。所以，教学竞赛的评价评分表就涵盖了优质课的评价要素。

下面罗列几个各地教学竞赛或优质课的评价表：

表1 语文优质课评选评价表

授课教师		得分		评价者		
项目		评价标准			权重	得分
教师素质	知识技能	语言规范、准确、丰富、简洁、生动、清晰、流畅，有个性化语言风格；教态亲切、自然，能以充沛的精力，饱满的热情，健康的心理感染学生			10%	
		知识面广、视野辽阔，信息处理综合能力强；课堂中能应用新知识、新方法、新理论、新手段、新技术				
		能够指导学生写字体美观、文字精美、立意新奇、结构精巧的文章。				
		驾驭教学过程的能力强，善于调动学生的学习积极性，善于点拨、引导，善于应变。能恰到好处地评价学生的态度、表现、能力、个性和知识、技能				
教学设计	教材处理	能突出课文特色和课型特点；根据教材特点和课型特点设计教学过程，符合语文各部分教学内容的相应要求			15%	
		能多角度利用教材，动态地处理教材，对教材有创造性的理解、处理和使用				
		能设计针对性的、创新式的课堂作业，安排足够的时间完成作业。				
	设计思想	能立足培养学生学习语文的兴趣，培养学生基本的语文能力，提高综合素养			15%	
		新颖有趣，能设置发散性、探索性问题，使学生产生想象和联想				
		能精当的实在的体现语文"三维"目标，符合学生实际和学生的发展需要；发现人文因素，实施人文教育				
教学过程	教师组织	能体现语文学科特性，能依据语文教学基本规律进行教学			10%	
		能突破课堂，体现综合性、开放式语文教育；以学生的语文实践活动为主				
		准确传输信息，让学生感到熟悉而新鲜，实现个性化语文学习；面向全体学生，注意到每一个学生的学习特点和需要				

续 表

授课教师		得分			评价者		
项目		评价标准				权重	得分
教学过程	教学方法	能用最新的教育观念指导自己的教学，并自觉贯彻到教学中去				10%	
		教学内容和方式能前后勾连，内外贯通，师生互补					
		教学方法的选择和运用灵活多样，切合文本、学生和教师实际，体现"对话"，增强学生参与意识，多向反馈和情感交流；重视学习方法的指导，善于培养学生的能力；善于开发有活力的语文学习资源					
	教学手段	合理运用各种教学媒体（含板书），目的明确，操作得当，效果明显				10%	
		板书合理并有创意，具备立体感、和谐感、鲜明感、流动感					
		根据学生情况，为学生创设一个保证每个学生都能按照自己的个性进行自主学习的异步或同步教学情境					
	学生活动	实现"自主、合作、探究"，并有多种形式的读书活动				10%	
		能给学生质疑探究的机会，学生能有自己的心得，能提出看法或疑问，能发表创见					
教学效果		课堂教学体现"实""活""新"；课堂时效性强，不同程度的学生均得到应有的发展，从整体上达到教学的"三维"目标				20%	
		学生有自主学习的习惯，有竞争意识和合作意识，学生能够提出问题，善于发表见解，敢于创新，学生的求知欲望应得到满足；学生的学习成果当堂能够得到巩固					
		能合理地让学生进行"积累、感悟、运用"，学生在教学过程中有实实在在的进步；能让学生产生想继续学习，深入学习的学习欲望					

表2 语文优质课竞赛课堂教学评价表

执教：_____ 课题：_____ 年级：_____ 评价人：_____ 时间：_____

序号	评价项目	评价要点	分值	得分
1	教学目标	（1）具体、明确、有层次性和可操作性。 （2）符合课程标准的理念和要求，注重学生积极情感、态度的养成以及能力的提高和基本技能、基础知识的获得。 （3）预设与生成目标的适当结合。	6—10分	
2	教学设计	（1）整合语文资源，创造性地使用教材，凸现新课标理念。 （2）教学设计有序、恰当，重点准确、难点突出。 （3）教学设计能激发学生进一步学习的兴趣，启发学生思考，鼓励学生创新。	6—10分	
3	教学过程	（1）低段教学凸显识字写字重点；中高段阅读教学以读为本，合理组织，读悟结合；习作教学凸显指导、练习、反馈三个环节。 （2）采取合作学习等有效的语文实践活动，培养学生学会"倾听、交流、协作、分享"的合作意识和交往技能。 （3）采取活动探究的方式培养学生创新精神和实践能力。 （4）有恰当的方法指导和一定的练笔时间。	20—30分	
4	教学能力	（1）足够的课堂驾驭能力和足够的课堂教学机智。 （2）合理的课堂评价及语言交流。 （3）具有扎实的基本功。教学语言应规范、精炼、生动、活泼，教态自然大方。	8—15分	
5	教学效果	（1）能达到预期的教学目标。 （2）听、说、读、写的练习时间不少于课堂的2/3时间。 （3）有师生、生生间的充分交往和情感交流，课堂气氛民主、融洽。 （4）能够激发学生的下一次学习兴趣，或激发学生课外自主学习的兴趣。	20—30分	
6	特色加分	很好地体现新课标理念，个性突出，效果特好，具有值得学习的导向性。	0—5分	
7		综合评价得分	60—100分	

表3 初中语文优质课评分表

授课教师：＿＿＿＿＿＿＿

课题：《＿＿＿＿＿＿＿》　　授课年级：＿＿＿＿＿＿＿

项目		评价标准	评价分值	
			分值	得分
教师素养（20）		教学语言精炼、准确，语速、语音适中，普通话标准流畅	5	
		板书设计合理，文字工整、清楚，清晰反映知识要点；采用多媒体教学的教师能合理应用课件，课件设计简洁，能明确反映教学内容	5	
		教师仪表端庄，教态亲切自然。情绪饱满、热情，富有感染力	5	
		教师具备灵活的课堂应变能力	5	
教学过程（60）	教师主导（35）	教学目标明确、具体，符合学生的实际，与学生心理及认知水平相适应，可操作性强	5	
		课堂教学层次清楚，环节流畅，教学重点突出，能对初中生文言文学习进行有针对性的指导	10	
		有效调控教学过程，恰当处理预设内容和即时生成问题，突破教学难点	10	
		教学面向全体学生，关注学生学习兴趣、生活经验。及时采用积极、多样的评价方式。创设平等、和谐、民主的课堂教学气氛	10	
	学生主体（25）	学生思维活跃，能发表个人见解	5	
		自主、合作、探究地学习，敢于实践和创新	5	
		课堂气氛活跃，始终保持饱满的学习情绪	5	
		学生在本节课能掌握相关的文言知识和技能	10	
教学效果（20）		完成教学任务，达到预期教学目标，学生学有所得，是一节有效率的文言文教学课	20	
点评			总分	

表4 语文学科课堂教学评价表

授课教师：＿＿＿＿＿＿＿＿

课题：《＿＿＿＿＿＿＿＿》 授课年级：＿＿＿＿＿＿＿

项目	评价要求	分值	得分
教育思想教育理念	（1）教师教育思想、教学理念能体现"生本教育"或项目试点教育理念。 （2）教学过程中体现"以生为本"的思想，注重教法的创新，教学风格具有明显的个性特征。 （3）重视挖掘教材中能发挥学生智能和主体性的因素，启迪学生创造性思维，培养学生的表达能力和实践能力。	5	
教师基本素质	（1）仪表整洁，教态大方、亲切，精神饱满，有激情，有感染力。 （2）普通话标准，语言准确、精炼、生动、流畅。 （3）板书设计简明、扼要，书写规范；演示操作规范，具有示范引领作用。 （4）能够灵活应用多媒体、电子白板等信息技术手段，有效辅助教学目标完成。	10	
教学设计	（1）符合课程标准要求。 （2）教学目标及重点难点把握准确，教学思路、层次清晰。 （3）能够整合和利用课程资源，教学设计能力强，有新意，编写规范，文字简练。 （4）教学流程的设计科学、合理、新颖。	10	
教学方法	（1）富有启发性、灵活性和针对性。 （2）注重引导学生，师生间的交流自然、融洽。 （3）教学方法符合学生的实际，重视学生学习方法和学习能力的培养。	15	
教学过程	（1）内容正确，安排科学合理。 （2）教学目标及重点难点的把握准确，处理恰当。 （3）结构严谨，层次清晰，过渡合理，自然流畅。 （4）有较好的应变及驾驭教材和课堂的能力。 （5）学生积极发挥主体作用，师生情感融洽，课堂气氛轻松愉快。	20	

续 表

项目	评价要求	分值	得分
学生活动	（1）学生学习积极主动，活动参与度高，提升明显。 （2）学生善于倾听，能独立思考，问题解决与创新表达的欲望强烈。 （3）学生具有问题意识，敢于质疑，能联系实际迁移运用所学知识。	20	
教学效果	（1）关注学生认知、情感、意志、技能以及创新精神诸方面的发展。 （2）全体学生学习积极、主动，思路开阔，敢于质疑。 （3）教学实效高，达到预设的教学目标要求。	20	
实际得分		100	
评语			
评委签名：_____			

表5　初中语文优质课评选评价标准

教学思想 （占10%）	体现"面向全体学生，以学生发展为本"的思想和改革、创新精神；遵循"探索·发现·建构·创新"的学习心理规律；贯彻"学生主体"的思想，课堂教学以学生学习活动为主，关注学生的个性差异和不同需求，激发主动意识，尊重其独特体验，保护其学习积极性。
教学目标 （占10%）	（1）明确、恰当、具体，具有学生主体性、整体性、层次性和可生成性，知识能力、过程方法、情感态度价值观综合考虑。 （2）符合新课标要求和教材、学生实际，教学环节与教学目标联系紧密。 （3）正确区分教学目标与探究目标。教师应有高质量、高层次的教学目标导向意识；学生探究目标应明确清晰，重点突出。 （4）教师在预设目标的同时，还应高度重视学习过程中生成的目标，适时引导、拓展和评价。
教学内容 （20%）	（1）教师应深入理解文本内涵，追求独到的审美发现。既要合理取舍教学内容，又须灵活利用和创生课程资源，有效形成富有魅力的课堂教学态势，增强探究力度、深度和效率。 （2）力求体现工具性特征，注重学生语文基础的积累、文化的积淀和良好学习习惯的养成。

教学内容 （20%）	（3）体现学科人文性特点，重视情感、态度、价值观的正确导向。充分挖掘教材内容的人文内涵和教育因素，在熏陶感染、潜移默化中培养学生高尚的道德情操和健康的审美情趣，不断提高文化品位，养成正确的价值观和积极的人生态度。 （4）突出语文味儿立意，着眼于语文自身的本质属性，着力于语文语言和思维能力的形成，避免语文课变质。 （5）突出重点，有效化解难点；善于发现和运用教学内容的创新点和对学生思维的激发点，培养学生创新意识、习惯和能力。
教学过程 （30%）	（1）体现语文学科的实践性特点，注重形成立体语文教学环境，构建内容与形式有机融合的载体，使学生在真实、有效、新奇而富有诱惑力的情境中进行探究，使其语文学习成为探金寻宝的活动，让学生在学习过程中享受语文。 （2）创新教学设计，合理设置悬念和挑战。要正确把握学生探究思维兴奋点、问题聚焦点、情感触发点、智慧碰撞点，有效增强阅读体验的深刻性和有效度；科学调控教学进程，课堂过程自然生成探究的层次性和梯度，高潮和亮点富有含金量和价值。 （3）倡导自主课堂。放手将学习的权利和时间交给学生，让学生在阅读感悟的基础上展现收获，发现、解决问题，要做到先学后教，以学定教，多学少教，以教促学。着力养成学生自主、合作、探究的学习方式，追求高质实效。 （4）追求真情课堂、深情课堂和激情课堂。根据文本特点，引导学生经历情感酝酿过程，寻找生本情感交流的结合点，采取合理方式或探索有效途径，深入体验文本情感意蕴，在入境、触心、动容的过程中经受情感的洗礼。 （5）打造智慧课堂，创新教学方法，讲求教学艺术。充分发挥和利用教学文本、教材编者和教师自身的智慧，有效激发学生智慧，自然生成具有创意的教、学方法，形成多维充分交流的课堂情景，使课堂成为智慧碰撞和生成的魅力舞台。 （6）提倡运用多种教学手段，正确有效使用现代化教学手段。
教学素质 （占10%）	（1）教态自然、从容、亲切、和蔼，因时而易，因境而化，具有灵性。热爱学生，作风民主，注重师生平等对话和情感交流。 （2）课堂语言凝练、准确、生动，有较强表达能力，有启发性和感染力，有节奏感和激情，有一定文学性和信息含量。普通话标准流畅。 （3）板书设计意识强，书写规范，字体美观，条理清楚，设计合理、精巧。 （4）具备较深厚的知识功底、学科素养和宽广的学科视野，有较强的组织能力、应变能力。

续 表

教学效果（占20%）	（1）学生活动充分，学习效率高，学习质量好。 （2）学生能调动自己的情感和经验，主动参与教学，参与范围广、过程长、程度深。 （3）学生思维空间大，思考时间充分，思维状态活跃。提出、分析、解决问题有价值、力度和成效。创新思维习惯和能力得以进一步养成。 （4）通过课堂教学，使知识能力、过程方法、情感态度价值观三个维度的目标在不同学生身上都有较高达成度。既有近效，也有远效。 总体印象：教育理念；学科功底；教学智慧；学生发展；教学潜能。

（二）中学语文优质课堂评价要素

上面列举的评价表，虽然不尽相同，但是有很多共同的要素，可以归纳如下：

1. 教学氛围好

教师必须有民主的教学思想，和学生建立良好的沟通关系，才能为"信其道"打下心理上的亲近感。创设良好的教学情境也考验教师的教学经验和教学智慧，水平高的教师往往通过多种形式采取多种手段为学生的学习营造良好的教学氛围，使学生在轻松愉悦兴趣盎然中走入学习殿堂。

2. 教学理念新

教学革新中，教师要注重教学互动，确立生本观念。淡化教得，强化学得，关注学会的过程。陶行知先生早就指出过，"教员不重在教，重在引导学生怎么样去学"。优质教学教师要在引导学生学习上作文章，在落实三维目标上下功夫，在师生动态交流中建构生成，让课堂教学从书本走向生活，从知识层面的收获走向多维层面，促进学生综合素质的提高。

3. 教师素质佳

课堂上虽然不倡导教师表演，但是语言蹩脚，书写幼拙，教态失度等会影响教学效果，因此，优质课应该有示范效果和观赏性才行。有的教师的语言特别好，朗诵交流堪比主持人；有的教师书写特别好，板书就像书法家；有的教师知识特别渊博，善于旁征博引；有的老师文笔特别好，洋洋洒洒文采飞扬；有的教师将板书设计成图文并茂的造型，使学生感到趣味横生，引起浓厚的学习兴趣，加深理解和记忆，增加思维的积极性和持续性。

4. 教学效果优

优质课堂评价因素很多，很多教师仅仅关注了课堂气氛活跃，师生互动热烈，学生参与面广，达标检测效果好等外显表象，而对于学生参与的有效性和思维的深刻性关注尚不够。真正优质的课堂是扎实和活跃的结合，趣味和高效的结合，知识掌握和综合素质提高的结合。优质课的教学效果需要让学生在知识、能力、情感等多个方面都达到课程标准所规定的目标。

5. 教学设计巧

教学中"条条大路通罗马"。曲径通幽也罢，开阔通达也好，各具特色。常用的教学当然是选择直达的大路，一路直行，畅通无阻，但缺少游历的风景。优质课追求的是教学的创意，在别样的路径中寻觅路上的风景，在一路探求中奔向终点，在师生的碰撞交流中掀起波澜，使旅途的风景成为深刻的记忆。思路决定出路，一个好的教学创意往往带来教学中的精彩无限。

6. 师生互动活

课堂不是教师表演的舞台，也非学生作秀的场所。但优质课堂需要有生机勃勃的学习状态，需要有和谐互动的师生交流。平庸的课堂里学生没有主动意识，师生活动单一，沉闷枯燥，死气沉沉。教师应该善于"煽风点火"，组织丰富的课堂学习活动，使不同层次的学生得到锻炼。注重创设学习情境，引起学生的探究欲望，唤起学习兴趣和热情。

7. 教材理解透

教师是课堂的向导，教师对教材的理解层次往往决定了学生学习的深度。优质课求新并非倡导在教材处理上"剑走偏锋"。应基于课程标准处理教材，而非以"多元解读""个性化解读"之名信马由缰地教学。教师对教材的理解深刻，把握住教材的核心价值，在开放的教学中就会游刃有余，驾驭处理恰当从容，并随机生成新的教学资源。

8. 结构严谨

控制论告诉我们：课堂教学是一个可控的过程，教师要力图通过运用多种教学方法，通过各种信息反馈，从而实现有效地调控，使教学过程中的各个要素都处于动态平衡中，并随时注意排除各种干扰信息，实现教学过程的最优化和教学的最佳效果。

9. 思维流畅

思路流畅是指老师在整堂课的教学过程中，起承转合应该自如、平滑，师生的思维在整个课堂教学的过程中犹如滚滚长江，一泻千里。

10. 应变自如

教育机智是老师重要的心理品质，主要表现为对突发事件的敏感、迅速准确的判断和灵活机智巧妙的处理。而这一切都是在沉着、冷静的心理状态下产生的，无论发生什么事，老师都要善于控制自己的情绪，心平气和地调整原定计划，灵活地处理好一切问题。

11. 节奏适中

课堂教学节奏，指教学过程中各种可比成分连续不断的交替，在时间上以一定的秩序、有规律地重复出现的形式。通过这些可比成分的重复和有规律的交替来表现，传达教育者的情感态度、思想倾向及所要强调的内容。

12. 启发得当

教学是否具有启发性，要看学生是否在独立思考的基础上去获取知识，这是"启发式"与"注入式"的分界线。教师要善于揣摩学生难于领会的问题，良好的提问在于把握主旨，要言不繁，相机诱导，一个完整的课堂提问过程，常包括以下四个环节：激疑、设疑、释疑、评价，一个好的提问设计应该具有以下特性：合适性、启发性、趣味性和指向性。

13. 语言有魅力

优秀的教学语言，应该声情并茂，引人进入艺术的殿堂。教学语言的美是多样的：豪放、细腻、庄重、幽默、绚丽多情、朴实无华等。优质的教学语言要有语言家的用语准确，数学家的逻辑严谨，演说家的论证宏辩和艺术家的丰富情感的集大成者。教学语言主要由口语语言和体态语言构成。体态语言，是指人们在交际包括眼神、表情、手势等，只要运用得当，都给能人以艺术享受。"冰冻三尺非一日之寒"，教学语言要达到这样的境界，绝非一日之功。所以，教师在日常教学中，要注意使自己的教学语言简洁明了而切中肯綮，干净利落而不拖泥带水。因为，课堂教学语言的"底线"要求是"简洁凝练"。

14. 板书精美

板书是教师运用黑板以凝练的文字语言和图表等传递教学信息的教学行为方式。板书既是老师应当具备的教学基本功，又是老师必须掌握的一项基本教学技能。独具匠心的板书和板图，既有利于传授知识，又能发展学生的智力。既能产生美感、陶冶情操，又能启迪学生智慧，活跃学生的思维。人们把精心设计的板书称为形式优美、重点突出、高度概括的微型教科书。

15. 教辅得当

课堂教学往往需要一些教学媒介、教学用具、教学资料来辅助教学，统称为教辅用具。课堂上视频、音频资料的播放，多媒体的运用都是为了更好完成教学任务，辅助教学的，切记不可喧宾夺主，用大量的资料，幻灯片塞满课堂，挤占了学生自主学习、思考的空间。随着信息技术在课堂上的广泛应用，多媒体教学已经是现代课堂有机组成部分，如何恰当有效的运用，自然推进教学过程，锦上添花，需要每位教师用心思考。

从系统论的观点看，课堂教学也应是一个完整的系统，要想达到和谐统一的效果，就必须精心设计各个环节，既要注重教学内容的有机结合，又要注意各个环节的紧密联系，否则，一节课的教学流程如果形成了"虎头、蛇尾、草包肚皮"的情形，那是令人深感遗憾的，也是教师在教学中要力求避免出现的现象。

布局合理、结构完美的课堂教学，不仅要有扣人心弦的序曲，还要有回味无穷的尾声，更要有引人入胜的主旋律，才能达到教学前后浑然一体的美妙境界。

二、优质语文课的标准

"有一千个读者就有一千个哈姆雷特"，关于一堂好课的评价，"仁者见仁智者见智"。随着新课程改革不断深入和发展，语文课堂教学可谓异彩纷呈，令人眼花缭乱，但一堂好的语文课仍须保留很多基本教学原则，许多中国传统的语文教学经验仍要继承。在此基础上再根据课改新理念加以创新，让语文课堂成为一种境界，如行云流水般轻松自在；让语文课堂成为学生的舞台，让课堂因学生的出色而精彩。

1. 充满生命活力的课堂

新课程一个重要的理念是"倡导学生主动参与、乐于探究、勤于动手，培养学生收集和处理信息的能力，分析和解决问题的能力以及交流合作的能力。"要实现这些目标，首先要营造民主、平等、和谐的课堂教学氛围，让学生成为教学活动的主体，拥有学习的主动权，使他们真正成为学习的主人。学生可以根据自己的学习情况，在一定程度上自主确定学习目标，选择学习内容和学习方法。教师要善于引导，让学生发现问题、提出问题、解决问题，让学生在问、议、辩的过程中探索语言文字的规律，感悟文章的思想内容和表达方法。教师的作用是引导、扶持、点拨，"到位"而不"越位"。总之，教师要当好学生与文本的"红娘"，让学生与文本亲密对话，并产生依恋之情，从而积极主动地阅读文本，挖掘课文的内涵，当学生在深入了解文本、探究文本、合作解决障碍的时候，课堂便会展现学生蓬勃的生命活动和智慧风采。

2. 促进学生发展的课堂

有这样一个案例，美国教育代表团到上海听一堂优秀教师的物理课，教师提出的每一个问题学生均给予满意的答复。课后，教者、陪同的领导者都感觉良好。当征询美国教育同行的意见时，他们说了一句十分耐人寻味的话：既然学生已经全部都会了且懂了，教师上这堂课还有什么意义？显然这堂课是毫无意义的，因为它根本没有促进学生发展，没有让学生经历由不知到知的探索、思考过程，这不过是一次师生同台的表演，透射出当今公开课的作秀现状。我们说一节好课是指课堂是学生知识发展的过程、能力发展的过程，它要让学生经历由不知到知的过程，由不会到会的过程，由不能到能的过程。课堂还应是促进学生学习过程和学习方法发展的过程，课堂教学要让学生经历学习过程，体验学习方法，在过程中领悟和体验，在学法中提高和发展。结果虽然重要，但过程更重要，知识重要，方法更重要。课堂教学还应促进学生情感、态度、价值观的发展。我们既要教书更要育人；既要重视认知的发展，更要重视情感的发展；既要重视眼前的教育结果，更要着眼学生未来的发展。

3. 创造性使用教材的课堂

新课标给教材编写者和教师留下了许多创造空间，允许并鼓励大家立足实际，依据教材但不拘泥于教材，对教材进行广度和深度上的拓展与挖掘，既可以调整教材编排的顺序和内容，也可以对教材提出批评和疑问，充分发挥教材的语文教学价值。如一位教师在执教《小雨沙沙》一文时敢于大胆突破教材，舍弃教材中"你觉得雨声像什么？"的问题设计，而换成更贴近学生实际，更有思考价值的问题"读了儿歌，你了解到什么或是想到了什么？"这一开放性的问题设计，大大激发了学生的思维。有的回答了从书中了解的内容："春雨发出了沙沙的声音。"有的谈了自己感受："读了儿歌，我仿佛看到了雨滴落到嫩叶上被叶子喝掉了。"还有的学生则有声有色地背起了《春夜喜雨》。继而教师又引导学生思考"春雨还在招呼谁做什么？"并引导学生大胆想象，续编儿歌，这样的阅读教学注重开发学生的创造潜能，拓展了学生的思维空间，从而有效培养了学生探究性阅读和创造性阅读的能力。如一位美国老师在讲《灰姑娘》一课时，提出：这个故事有什么不合理的地方？这个问题的提出是在培养学生的批判意识，让学生不要过度迷信教材，而要研读教材，发现教材的不足，填补教材的空白。

总而言之，一堂好课的评价标准应该是多元化的，它不追求整节课的完美性，如果具备了上述某一方面，也就具备了成为好课的特质。让我们在真中求实，在实实在在中让学生的各种能力得到发展。

第四节　反思课堂学习活动

新课程要求课堂教学要以学生为主体，教师为主导。一节语文课，学生在课堂上的学习活动其实就是进行不同形式的"听说读写"，培养提高语文能力。所以反思课堂的学习活动其实质就是反思"听说读写"活动是否有效，这是反思有效课堂的核心要素。

"听说读写"不仅是学生语文知识学习过程中的几项必备技能，也是学习一门语言的重要途径。通过有效的"听"才能够获取基本的知识，提升自身的知识积累；通过有效的"说"才能够更好地表达出自己的见解与认知，相互交流之间也能够提升自身的认识；通过有效的"读"能够更快地进行知识的积累，对于初中生而言"读"是一项重要的学习方法；通过有效的"写"不仅能够锻炼学生的表达技能，同时也是对于学生"听说读"学习效果的直接检验，更是学生语文综合技能提升的外在表现。

当然，不是每堂课都要进行逐一"听说读写"的训练，教师需要根据教学目标和教学内容有所侧重，况且四大基本技能的训练也不是割裂开来，而是有机融合在一起的。作为教师应该反思的是我们所设计的"听说读写"相关活动是否精美实在，能有效提升学生的语文能力。

一、"听"得更真切一些

在一堂课上，最频繁的活动，就是"听"的活动。"听"是一个人获取外部知信息的一个重要途径，同时也是学习过程中的一个重要方法。听，是接收信息，但是不能止于接收信息，还需要对信息进行加工，以获得更有价值的新的信息，所以，"听"往往需要与"说"、"评"等活动结合起来。长期以来，"听讲"是学生学习的一个主要方法，而如何提升"听"的效果就需要我们认真思考。

1. 引导学生主动"听"

新课改确定了学生在课堂上的主体地位，在教学中需要关注学生的学习体验与感知。所以在教学中就需要我们培养学生的学习自主性，让他们能够主动地去听课，而不是被动地进行学习。所以，在听每一堂课之前，要让学生心里明白，听这一堂课的主要目的是什么，然后，带着这个目的，有意识地去听。通过听讲完成一定的学习内容，坚持训练，学生听的能力和语文能力就提高了。

2. 引导学生广泛的"听"

初中时期正是学生知识积累的一个关键阶段，知识积累对于当前的学习以及未来的发展都有重要的影响意义，所以在教学中教师就要引导学生不断地拓展知识面，能够"广泛的听"，不仅要听老师的授课，而且也要听同学们之间的交流内容。比如他们对于事物的看法与态度，另外电视、媒体对于事物的看法等等都可以引导学生去了解，提升他们的语文综合认识。当然，"听"的内容还要有一定的选择性，选一些精华的内容，以便能够不断地提升自身的"正能量"。

3. 引导学生带着问题"听"

在组织学生进行"听"的活动之前，先提出问题，明确"听"的要求，这样，学生在"听"的过程中，就会有所侧重，对于问题涉及的内容会格外关注，收效会更高。

例如：教学《海燕》，让学生带着这样的问题来听课文的配乐朗诵。

问题是"你从朗诵中感受到了怎样的海燕形象"。听完之后，让学生来谈。这样的"听说"，就是整体感知课文；在教学中经常有背景资料的介绍，不妨要求学生在听背景介绍以后，迅速提取该段资料的关键词，或者复述主要内容，这样的"听说"，就是提炼概括；在个别朗读以后，可以让其他学生评价朗读情况，在出现不同观点的争论时，让学生来评判……这样的"听评"，就是启发思考。

可见"听"得更真切，就是老师将"听"与"思"打通，让学生在听课的时候，脑子有事做。在语文课堂上学会倾听，既是礼仪的需要，更是亲近语文材料、保证其他形式语文活动有效展开的前提。

二、"说"得更灵动一些

1. 鼓励学生积极的"说"

"说"是对于学生学习自主性以及学习积极性要求较高的一项学习项目。其关键是让学生能够通过对于外界信息的理解、消化之后结合自身的认知、感情进行一些信息反馈，讲出自己的一些认识、想法、态度等等。在说的过程中，学生的语言表达能力、表达技巧、语言技巧以及对于信息的综合处理能力都会得到一定的提升，同时还能够引导学生之间进行有效交流，让他们各自表达对于事物的看法，提升他们的综合学习认知。所以在教学的过程中，就需要教师能够重视学生的课堂主体地位，鼓励他们去说，给他们创设环境去"说"，让他们更好地参与到课堂的学习中来，提升学习效果。

比如在教学《最苦与最乐》这篇课文的时候，教师可以引导学生积极地去"说"：你认为世界上最苦的事情是什么？最乐的事情是什么？让学生结合亲身体会来尽情地说。有些学生就会说"最苦的事情就是感觉欠了别人什么东西"，而有些学生就会说"最乐的事情就是收到别人送的礼物"。面对这些回答，就需要教师引导学生去联系课文，体会作者的"最苦与最乐"，感受他对家庭、社会、国家以及对自己的责任意识，让学生能够认识到责任的重要性。在这个过程中，学生不仅对于"最苦与最乐"的事情会有自己的新的看法，同时对于议论文的基本结构、写作方法以及材料的运用也会有很大的认知提升，从而保障教学目的的实现。

2. 设计活动让学生灵动地"说"

在教学的过程中，我们需要改变传统的"一言堂""填鸭式"的教学模式，更加关注学生的学习体验以及学生的学习感悟，让他们能够更多的表达自己的见解，激发他们的学习积极性，为语文学习的有效进行打好基础。为了调动学生"说"的兴趣，教师可以结合文本本身的特点，设计一些灵动的"说"的活动，活跃学生的思维，不断将其引向纵深。

课文集美式的"说"。对于一些写景抒情的美文，肢解性的分析、零打碎敲式的提问，都不是好方法。不妨试试"课文集美"。比如，教学《紫藤萝瀑布》，可以用"这一株紫藤萝真美啊，它美在……"的句式进行集中说话训练。

妙点揣摩式的"说"。对于一些重要语段，要进行品味赏析，以期达到

"精析一段，带动一篇"。不妨试试"妙点揣摩"。比如，教学《济南的冬天》，精析课文第4小节，可以这样来揣摩妙点："最妙的是下点小雪呀，它妙在……"

微型话题式的"说"。在研读文本的基础上，提炼出若干个微型话题，学生围绕这些话题，读读，说说，说说，读读。比如，《爸爸的花儿落了》这么一篇篇幅比较长的文章，如果采用传统的提问式来组织教学，往往会变成满堂问，学生必然缺少"整块"的时间静思默想。但假如让学生围绕"说说爸爸的无情，说说爸爸的苦心，说说英子的成长"这样三个微型话题进行读书和说话，与文本的对话活动将更加集中更加充分。

需要注意的是，让学生灵动地"说"，不是漫无目的七嘴八舌，而是要基于文本解读，有目标、有主题地"说"。所以，对于"说什么""怎么说"的问题，需要教师精心设计。

三、"读"得更入味一些

"读"是学生获取知识的主要渠道，也是学生提升自身素质的一个重要方法。"读"有阅读和朗读之分。本章主要谈谈朗读，希望我们的语文课堂书声琅琅。

洪镇涛先生说："朗读是第一教学法"；再往上推，关于朗读，我们的祖先早就有着朴素却又极深刻的认识，所谓"书读百遍，其义自见"说的就是这个道理。"读"，是让学生认知文字、感受声律、体味词句、领会情感、品味意境、发展语感的充满情致的语文实践活动。中学语文新课程标准要求各个学段的课堂教学都要重视朗读：通过朗读，学生进入课文情景，直接真切地感知课文内容，这是改变学生学习由被动接受到主动发现的一个有效方法。但在实际的教学过程中，绝大多数学生都没兴趣朗读课文，朗读教学也没得到相应的重视，缺乏有效的方法指导。怎样让朗读入味，起到涵养学生心灵的目的呢？

1. 积累意象，"读"出情境

语文教材很多是属于文质兼美的文章，文章中绘声绘色的人物描写、引人入胜的故事情节，凝聚着作者十分丰富的想象，对学生有很强的感染力。在教学设计中，不要让教师的分析讲解代替学生对课文的自主感悟，而是将朗读作为学生学习和领悟的重要手段。教师可根据学生的情况设计课文朗读教学的层次，每次朗读之前提出不同要求，这样由浅入深，通过朗读把文意感情主旨等主要问题解决了，以达到提高学生对文章整体感知能力的目的。

如教学《童趣》可以这样设计朗读的。一读：学生自由朗读课文，要求认清字形，读准字音。如项为（wéi）之强（jiāng）、鹤唳（lì）云端等。二读：指名朗读，要求在读准字音基础上准确把握句子的停顿。这个环节可让学生自己点评，然后教师适当点拨，如"昂首/观之，项/为之强，使之/冲烟/而飞鸣"等等，教师示范读某一节，学生体会怎样正确处理朗读节奏。三读：学生边齐读课文，边寻找表述童趣的语句，并思考理解作者的童趣所在。四读：看着板书尽量用课文的句子描述两幅图景的内容。这时候，部分学生已能当堂成诵了。

多层次的朗读，能达到"其义自见"的效果。通过声情并茂的朗读和栩栩如生的描述，让学生大胆想象和再创造，在头脑中唤起与词语相关联的表象，并按照作者的描述进行表象组合，以产生丰富的想象和深刻的体验，如见其人，如闻其声，如临其境。

2. 品味情感，"读"出层次

文章的气势脉络是由作品所蕴含的情感来体现的，当然也就决定着朗读时语调的轻重、抑扬和舒缓的变化。古人云："诗缘情"，"情动而辞发"，如辛弃疾的《永遇乐》的慷慨豪壮；杜甫《登高》的苍凉沉郁；舒婷《祖国啊，我亲爱的祖国》的激越奔放。通过朗读对作品的文气去亲身体验和逐步把握，就能更好地理解领会作品的主题思想，达到朗读要求的所谓"读出来"的效果。

比如对《望岳》的朗读，可以这样指导：读好五言诗的节拍，读好特别之处的顿音，读出诗歌的韵味。让学生在朗读中慢慢找到感觉，读出泰山之广博巍峨，读出青年杜甫的豪情壮志……

再如对《记承天寺夜游》的朗读，可以做这样的设计：读出一点文言的味道，读出一点宁静的氛围，读出一点夜游的兴致，读出一点复杂的情愫。这四次朗读，由浅入深，由易到难，学生的朗读有情有味，渐入佳境。

学生如此入情入味地演读，对于积累名言佳句、体验母语魅力、陶冶思想情操，有着极为重要的作用。"读"不但能很好地提高学生的语感水平和语文素养，更为语文的教和学奠定牢固的基础。当然，朗读的形式多种多样，有齐读、个别朗读、分角色朗读、自由朗读、领读等，采用什么形式因文而异，老师要根据教学灵活安排，让朗读课真正成为学生展现自我、抒发性情的舞台。

四、"写"得更实在一些

"写"是对学生"听说读"等几项学习内容学习效果的直接体现，是学生语文知识的一个综合展示，同时写作也是学生的一项重要技能。除了作文课之外，课堂上的"写"，往往是一些小的片段练习，可以是缩写、扩写、仿写，也可以是续写、改写。目前语文课堂上"写"的活动，存在着一些华而不实的现象："写"得不实在，只重辞藻不重内容；"写"得不实用，所写内容貌似与文本解读有关，实则离题万里；"写"得不充分，追求形式，没有足够的时间保证，匆匆动笔，草草收场；"写"得不细腻，写前无指导，无示范，写后交流评点不到位……这些都值得我们好好地反思，教学中要改变这种状况并努力让课堂上的"写"更实在一些。

如何调动"写"得兴趣，引导学生进行有效的"写"呢？

1. 灵活设计，调动写的兴趣

很多学生对于作文缺乏科学的认识，认为写作文是令人头疼的事情，有了这个观念，写作就很难积极有效的进行，所以就需要教师能够端正学生的认知与态度，让他们感受到作文对于他们成长的意义，让他们认识到作文的魅力，敢于去写，进而激发学生的写作兴趣。如何激趣？可以在文题的设计上多下点功夫。

比如可以利用文言文简洁留白的特点，设计一些作文题，让学生合理想象，丰富情节。

课例一：教学《狼》，很多老师都做过将文言改写成白话故事的训练。如何改写？就要指导学生展开合理想象，帮助学生来添枝加叶。如第一段，就要从设置环境、添加动静、安排远近、配上衬景、外貌神态、表现心理等角度给学生提示指导。

附录教师示范引领的下水习作一篇。

夕阳西沉，一位膀大腰圆的屠户，挑着卖肉的担子，匆忙地走在山路上，今天的肉卖得比往常慢了些，所以穿过这片回家必经过的山林时，天色已经很晚了。

突然，一声嘶哑的哀号划破苍茫的夜色，几只乌鸦扑棱着翅膀从枝头飞过。屠户感觉脊背一阵发凉，不由得紧了紧满是油渍的衣襟，加快了脚步。黝黑的山林越发的寂静，只有屠户急促的脚步声在夜色中回荡，被跟踪的感觉越来越强烈，屠户猛地转身向身后望去，借着微弱的光线，天哪！身后不远处居然有两只狼！见屠户转身，两狼也停了下来，对着屠户呲着锋利的獠牙，四只绿幽幽的眼睛，闪着挑衅而贪婪的光。

怎么办？这分明就是两只饿狼！该怎么脱险？屠户的心一下子提到了嗓子眼。

这篇扩写的成功之处就在于增加了环境描写，动作、心理等细节描写，营造了一种紧张的氛围，和下文的情节衔接自然连贯。

课例二：教学《陈涉世家》，因为文本剪裁得当，详略分明，可以让学生随意选点，合理扩充情节。比如：谪戍渔阳九百人，学生想象抓壮丁的情景；篝火狐鸣，学生想象鬼火飘忽的场景；为坛而盟，学生想象众人盟誓的场景；独守丞与战谯门中想象作战的情景等等。

附录教师指导修改后的学生习作一篇。

鸿鹄之志

二世元年夏，阳城

烈日当空，毒辣的太阳炙烤着大地，为了生活，佣耕的农人日复一日面朝黄土背朝天的在田间劳作。

"此一生只为佣耕乎？"所在劳作间隙，陈胜茫然站在田埂上，呆呆地望着天际，那边，就是咸阳宫。

佣耕旺走过来，望着陈胜的方向，曰："景美乎？"

"吾非观景也。"

"观咸阳宫乎？"

"然也。"

"汝有意出入其间乎？"

"出入其间？"陈胜呆了半响，肯定地回答，"然也"。

佣耕旺一愣，复笑叹："汝之愿难矣！"

陈胜亦笑，喃喃道："安知不成？若确有此一日，"他转过头盯着佣耕旺，目光炯炯，"苟富贵，无相忘！"

佣耕旺抬头看看明晃晃的日光，又看看大片待耕作的农田，苦笑道："富贵人所求也，然若为佣耕，何富贵也？"说着，又掸了掸褴褛衣衫上的土渍，"白日为梦，何其荒谬也！"

"白日为梦乎？"陈胜转身欲行。

远处，一群麻雀在枝头叽叽喳喳，水边，一只天鹅突然一振双翅，直冲天际，天色蔚蓝，一片高远。

一时之间，陈胜只觉得内心情绪涌荡，他站定脚步，追随者天鹅的身影，缓缓出言，曰："燕雀安知鸿鹄之志哉！"

这段扩写通过合理想象增加了对话、景物描写等内容，来塑造陈涉少时的远大抱负，和不甘于贫困的心态，为下文的起义做铺垫。

2. 善于鼓励，激发写的欲望

惰性往往是影响人求知的致命因素，这个道理人人明白却极难克服。尤其在学生颇为头疼的写作练习中，表现更为突出。敷衍了事，照搬范文不一而是。虽然错在学生，但如果大加批评，也许会使他们本来不浓的写作兴趣彻底熄灭。怎样保持学生写作的兴趣，鼓励是一种很有效的方法。对于学生的作文要寻找亮点，不吝表扬，激发兴趣，鼓励创作，让学生能够感受到"成功的喜悦"，激发他们的写作积极性。当然对于学生作文过程中出现的失误也要耐心引导。

例如一堂写作片段练习课，老师要求用一段话描述春天来了景象。有一个学生只写了这几句话："春天来了，草绿了，花开了，燕子归来了。"就草草交差。其实老师很清楚他写这么少的原因。一是因为懒惰，二是也确实无话可说。这位老师是这样做的，在班上读了他的习作，并且在全班的窃笑中，表扬道："片段虽然短小，但写得很有诗意。中国有一句描写江南春色的古诗流传很广：'杂花绕树，草长莺飞。'就与它的意境很相似。当然现代文没有古诗凝练，如果再能写得具体细腻一些就更好了。"老师的态度不但让该生更让全班同学大受鼓舞，一时间人人都觉得自己能做大文豪，写作兴趣大增。那个学生更是进步显著。

准确流畅的书面表达，是考察语文能力的重要手段，课堂上无论是缩写、扩写、仿写，还是续写、改写，都能有效地带动阅读与理解，它既是语言积累的运用，也是积累语言的过程。所以写作练习一定要实在而有效。

我们都知道语文课堂上的听、说、读、写活动，实际是水乳交融的。之所以分开阐说，是为了更鲜明地凸显某一类活动的特点。有效教学只有在尊重学生的前经验，尊重学生的认知规律，尊重文本的个性特点的基础上，设计好精美实在的学生活动，才能够促进学生语文综合技能的有效提升。

第五节　反思文本拓展

《语文新课程标准》指出：语文学习必须以书本为依托，处理好语文文本学习与其他资源开发的关系，立足文本，不断拓宽语文学习和适用的领域，使学生的个性得到充分发展。学生课堂上学习内容一般由两部分组成，一是教材，二是基于教材的文本拓展。教材是范例，重要性自不必说，"文本拓展"是对教材的延伸，目的是拓宽学生的视野，锻炼学生的思维，是课堂教学的重要组成部分。所以，反思文本拓展是否卓有成效，也是反思课堂教学有效性的重要环节。

一、初中语文课堂教学有效拓展原则

语文学科具有工具性的特点，从而决定了语文学科的教学不能停留在文本之中，而应该将语文与其他学科、与生活紧密联系起来。语文来源于生活，最终要回归生活才能真正实现其价值，这就要求教师在语文学科的教学中吃透文本，在文本的基础上进行拓展。在初中语文教学中，积极拓展延伸教学内容，沟通与生活的联系，扩大学生视野，丰富语文学习的内涵，对提高语文阅读教学质量具有重要意义。当然，语文课的拓展是扩大文本的外延，而非改变教学内容。因此，初中语文拓展必须遵循以下原则。

1.语文原则

文本拓展要姓"语"。文本解读，是老师带领学生在动态的语言实践过程中，使学生掌握语言运用的规范，感受、体验优秀作品的语言魅力，在潜移默化中提高自己的文学素养。语文课要姓"语"，这已经是不争的事实。文本拓展，作为语文课堂里一个重要的环节，理所当然地，也应该是以这个为基点，也应该姓"语"。

　　曾经听过几节课：某老师教学《端午的鸭蛋》，详细介绍了高邮咸鸭蛋的制作流程；某老师教学《罗布泊，消逝的仙湖》，要求学生做本地区水资源污染情况的调查；某老师教学《化石吟》，大半节课都在介绍化石形成的过程……

　　的确，拓展延伸有课内向课外的延伸，有文本与网络资源的链接，有语文学科向其他学科的渗透。可在教学实践中不能忘了语文姓什么？本想借助网络来丰富教学的资源，加深对教学内容的理解，但有些老师上成了如何上网查资料的电脑课；本想通过音乐来感染学生，通过形象体验文本的情感，结果却成了音乐欣赏课。史绍典先生说过："语文就是语文。"我们要牢记语文的"姓氏"，不能把语文课上成思想政治课、艺术课或其他的什么课。同样，语文教学的拓展延伸也不是思想政治课、艺术课或其他什么课的拓展延伸。

　　这些看似拓展，实则与文本解读关联不大的做法，不是真正的文本拓展。怎样增强文本拓展的有效性？怎样把文本拓展与文本解读有机融合？

　　课例：听两位教师同课异构教学《老王》，出现了两个不同版本的拓展设计：其一，"联系当前社会现实，谈谈你对老王这类人的看法。"其二，"请以老王为第一人称，改写课文中老王给作者送香油鸡蛋的这一部分。"对比《老王》文本拓展的两个设计，第二个设计就显得精妙了。因为它要求发挥合理想象，学生不得不再次走进文本，去揣摩相关描写的句子；也因为它要求把老王这个人物写活，学生又必须积极调动自己的语言积累。这样，就保证了课堂活动是"语文"活动。

2. 文本原则

　　文本是实施语文教学的有效载体，拓展必须遵循文本原则。部分教师由于对拓展的片面理解，上课时只顾追求形式，文本解读囫囵吞枣，浅尝辄止，就大谈课外，而不是以文本为拓展的内容、宽度和深度等因素为出发点，导致了文本教学资源的浪费。拓展忠于文本并不意味着固守文本，而是基于文本又高于文本。

　　比如：在教学《智取生辰纲》的时候，文本解读主要工作就是紧紧围绕"智取"来品析词句，如果换一个角度对文本进行拓展呢？

　　请看：杨志也是一条好汉，他有勇有谋，课文的哪些地方，也表现了他的"智"？学生也许可以有这样的发现：杨志在山路上辰时起身，申时便歇，有远谋；正午热不可当，杨志催促军汉在黄泥冈快行，有预见；松林见人窥探，立马查看，有机敏；不许众军汉买酒解渴，怕有蒙汗药，有戒心；见众人吃了无事，方才动嘴，有心机……

在这个基础上，问学生：为什么要写杨志的"智"呢？原来，杨志处处小心，时时提防，却还是着了吴用等人的计，这是用杨志之"智"来衬托吴用等人之"智"，而且，钱财劫了，还把杨志逼上了梁山，吴用更是"智"高一筹啊。

文本拓展要立足文本。教材不是孤立的文本，教学需要拓展，但是，拓展一定要立足文本。我们决不能为了拓展而拓展，不能让拓展成为形式。拓展的时机、拓展的内容、拓展的宽度和深度……都要围绕文本来展开，既要超越文本，更要反哺文本，离开文本的拓展是无本之木、无源之水。立足文本的拓展，是文本解读的延伸和补充，甚至可以说，它本身就是文本解读的一种形式。拓展延伸是为深入理解教学内容服务的，不能让内容为拓展延伸服务。正如于漪所说："离开文本去过度发挥，语文课就会打水漂。"所以教师在对课文拓展延伸时，首要的就是深挖教材、紧扣文本，尊重教材的价值取向。

3. 适度原则

教师在设计拓展环节时，不能将拓展环节当成语文课堂改革中的一个标签，而是要根据教学目标精心设计拓展环节。拓展的形式和内容要紧扣教学目标，符合学生的身心发展需要。拓展小了，达不到拓展的目的，拓展大了，学生无所适从。因此，拓展设计要适度，不能盲目，要从教学实际和学情出发，合理进行有效拓展。

语文课堂里的延伸必须适度，所以应该把主要精力放在深入理解和把握课文上，由课内向课外延伸，设计一些拓展活动，在最值得拓展延伸的时机、地方去拓展延伸，并掌握合适的"度"。始终牢记拓展延伸应该围绕课文的主题和教学目标、教学重点和难点展开，任何离开课文的拓展延伸都是空中楼阁，不着边际的。为了拓展，将课上到野外去，新是新了，却没了原则和规矩；为了创新，囫囵吞枣学习课内知识，忙于拓展中的"表演"和"作秀"，新是新了，却多了几分浮艳。拓展的不着边际，会伤害到语文教学的本体，以致喧宾夺主、本末倒置，或者让人觉得有画蛇添足之嫌，到头来却让语文课只落得个为她人作嫁衣。

例如，一位教师教学《桃花源记》，在介绍《桃花源记》是《桃花源诗》

的序后，拓展引入了《桃花源诗》。我们知道《桃花源诗》对于初中学生来说，篇幅长且不好理解，结果耗费了大量时间，学生也没读通，还把对《桃花源记》的学习兴趣消耗殆尽，这样的拓展可谓得不偿失。再如上《两小儿辩日》，用大量的时间讲解光折射反射的物理想象，也属于拓展的"度"把握不当。

4. 主体性原则

学生是语文学习和发展的主体，教师必须树立以学为主、以学生拓展活动为中心的主体观。引导学生自主思考，深入探究，大胆进行想象、联想，积极主动地进行拓展阅读和探究学习，并使知识转化为能力，全面提高语文素养和语文能力。每一节语文课，教师都要根据学生的实际情况确立教学目标。首先，拓展的内容要符合学生的实际状况，包含学生的生活经验、生活阅历、认知水平、知识积累、学生能力发展水平、地区差别和特征等，做到切合学生实际，因材施教。其次，拓展延伸时教师应注意照顾学生个性差异，充分考虑不同层次学生的"最近发展区"。教师在安排拓展内容时要适当变换内容或改变难度，使每一位学生都感到很亲切，都有话可说。多设置一些难度各异的拓展学习内容，多设计一些不同层次的训练项目，以供学生自由选择，各取所需。第三，拓展要以学生为主体，还要立足课堂实际，考虑时间、场地、情景的限制。否则，再精彩的拓展延伸，也不过是一种表演或作秀，比作一只"绣花枕头"恐怕并不为过。

二、文本拓展的有效策略

"生活即语文"。这告诉我们语文教师应注重课程资源的开发和整合，注重将课外的学习资源纳入课堂。在鲜活的语文教学实践中，教师要善于抓住课本拓展的契机，把握课本拓展的火候，用好课本拓展这根"魔棒"，让学生超越课堂之外，跳出教材本身去搜集、阅读和利用一切可以利用的资料，这些对拓宽语文学习视野提高语文素养都有着非常重要的意义。

那么，从哪些方面进行拓展才能提高其有效性呢？笔者认为把握好拓展的方向和拓展的切入点尤为重要。

1. 向情感熏陶方面拓展

语文教学不但承载着传承文化、传播知识的重任，还担任着情感教育的责任，是德育教育的一个重要途径。在初中语文课堂教学中，教师要善加利用与情感相关的课文，适当的拓展延伸，引导学生逐步形成积极的人生态度和正确的价值观，健全学生情感，陶冶学生情操，培养学生积极的情感态度。

例如，一位老师在讲授都德的《最后一课》时，先引导学生理清小佛朗士的情感在上课前后的变化，然后启发学生思考：小佛朗士的情感为什么会有这么大的变化？让学生找出小佛朗士的心理活动过程：先是吃惊，然后万分难过，感到懊悔，心里难受，最后是最后一课的内容全都懂，从而领会韩麦尔先生对祖国的热爱和对敌人的仇恨。学生理解了小佛朗士由贪玩、逃课到懂事的心理变化，也就了解作者的创作意图。此时，老师再趁势让学生思考：小佛朗士在上学途中看到什么？想些什么？有哪些表现？这些内容与课文主题"最后一课"有什么关联？学生通过思考，自然不难明白前面这些内容描述是为小佛朗士的思想转变做铺垫，使前后内容成强烈的对比，从而让学生体会最后一课的影响之大，意义深远。

再如，一位老师教授《过零丁洋》时，补充文天祥捐献家产抗元，被俘后拒绝降元的资料，再引入《正气歌》，以及就义前的遗言（"孔曰成仁，孟曰取义，惟其义尽，所以仁至。读圣贤书，所学何事，而今而后，庶几无愧"）。这些资料既让学生们了解到文天祥"有心杀贼，无力回天"的无奈，也让学生看到了他慷慨赴死的坦然，再和《过零丁洋》的诗句有机结合，从而帮助学生更深切地理解"人生自古谁无死，留取丹心照汗青"铮铮铁骨和浩然正气。在心灵受到洗礼的同时，也向自己发出灵魂的拷问：读圣贤书，所为何事？当学生思想受到这样的冲击时，我想关于悲壮、关于气节，关于生死的正确价值观早已潜移默化的渗透到学生的意识中了。

2. 向写作技能方面拓展

写作教学历来是语文教学的重点和难点。语文教材中的课文都是很好的范文，虽然不同的文章有不同的写法，但是许多文章写法上有许多相似之处。比如，同是写景抒情的散文，在写法上大多是从正面、侧面去描写，常运用虚实相间、动静结合的方式等。在教学中教师若能适当地以课文为例子，往写作方面拓展延伸，效果自然事半功倍。学生在写作文时也不会感到没什么东西可写了。

比如，在讲授《小石潭记》一文时，一位教师着重和学生分析了潭的位置，小石潭水清、石奇、树青，游鱼相戏，环境之美。然后给学生布置两个任务：一是回顾这篇游记有哪些写法值得借鉴；二是借鉴本文的写法，写一篇作文，就写《美丽的十万大山》，注意写出景物的特征和你的感受。后来，从交上来的作文看，学生通过不断地比较、揣摩，进而模仿借鉴，最后都写得相当有序，内容也翔实丰富，感情真切，取得了极佳的效果。

再如，一位老师教授《背影》一文时，在写作方面做了两个有效拓展。一是如何选取典型材料，二是如何通过细节描写突出人物形象。老师引导学生模仿课文，选取典型材料，通过细节描写来写一写自己的父亲。学生的习作不乏优秀者，从题目上就可窥见一斑。比如：《大手》《眼神》《父亲的笑脸》《父亲的口头禅》等。

在教学中适当的往写作方面拓展延伸，学生不仅掌握了写作的一些方法和技巧，提高写作能力，还能激发学生积极主动学习语文的热情。

3. 向口才方面拓展

口语交际教学是初中语文教学的重要组成部分，口语交际能力也是中学生必备的基本素质。因此，教师要善加指导、训练，不断提高学生的口语交际能力。老师可以利用课文的经典例子锻炼学生的口才，使学生学会说话，敢于说话，善于说话。

例如课文《唐雎不辱使命》，第一段交代唐雎出使背景——秦王要求易地，安陵君拒绝。因"秦王不悦"，"安陵君因使唐雎使于秦"。一位老师让同学展开合理想象，想象安陵君怎样嘱托唐雎完成出使任务。也就是模拟安陵君会怎么说。学生的发言要考虑安陵君的身份、语气、期望等要素。内容还要兼顾周全：为什么要出使秦国，希望取得怎样的效果，当然还要保护好自己，要知道，秦国为虎狼之国，唐雎极有可能有去无回。还要渗透，作为一个朝不保夕的小国之君，安陵君的担忧、无奈、期望等复杂的情绪。这样的拓展，学生口才得到锻炼的同时，对课文的理解也会更深入。

再如课文《孙权劝学》中，孙权先一语破的，向吕蒙指出"学"的重要性和必要性，继而现身说法，鼓励吕蒙求学，使吕蒙开始学习，然后借鲁肃之口，从侧面反映出吕蒙的进步之大。老师问学生，假如孙权不善口才，不讲技巧，而是利用自己皇帝的身份下命令，会是怎样的结果呢？学生兴趣盎然，纷纷谈论自己的看法，但答案都差不多，就是：效果不明显，吕蒙很容易就借故推脱掉。接着笔者趁势提问：假若你很想做一件事，但是，父母以影响学习为由不同意，那么你怎样说服你的父母，获得他们的支持？这样的场景学生应该不陌生，因此，都有话可说，但是有的说得入情入理，有的则逻辑混乱，不着边际。经过这样的活动，学生深刻体会到说话不是一件容易的事，还需讲究方式方法。

4. 从导入中切入拓展

一节课的导入就像是一块敲门砖，不仅是对课堂教学的铺垫，也是进行文本知识拓展的重要阵地。好的导人设计能激发起学生的阅读期待，诱发学生产生一种"垂涎三尺"、欲罢不能的学习冲动，对整个课堂教学也起到事半功倍的效果。

例如，一位老师做《标点符号的专题训练》，通过一个关于标点符号的趣味故事导入。故事是这样的：

从前有一个富翁，只有一个女儿，到了六十岁时，才又生了一个儿子，取名为"非"。富翁害怕自己死后，家产都被女婿夺走，于是写了一封遗书，分别交给儿子和女婿。遗书上写着："六十老儿生一子人言非是我子也家产田园尽付与女婿外人不得争执。"富翁死后，女婿果然并吞了家产，只留下一间小房子给富翁的儿子。几年后，富翁的儿子长大了，要向姐夫要回家产，两人争执不下，便告到官府里。

女婿理直气壮地说：岳父遗书上写得很明白："六十老儿生一子，人言非是我子也，家产田园尽付与女婿，外人不得争执"。

县令拿过遗书，仔细推敲，却把家产判给了富翁的儿子。你猜，县令在遗书上发现了什么？原来，县令移动了标点符号，猜出了富翁真正的意思："六十老儿生一子，人言非，是我子也。家产田园尽付与，女婿外人，不得争执。"

老师先没有展示县令的标点断句，而是让学生自己做县令，加标点。标点不难加，但是成功地调动了学生的积极性。正确使用标点符号的重要性就不言而喻了。

5. 从中心句中切入拓展

中心句是文章的神经中枢，对学生理解文本，把握文章的主旨有着重要作用，这些中心句就是文章的生长点，适当进行拓展，可以加深学生对文章的理解。

如在教学李商隐的《夜雨寄北》时，讲到"何当共剪西窗烛，却话巴山夜雨时"，笔者就引用了余光中的诗歌《乡愁》作为共鸣点，引导学生去体会诗中的思乡之愁。此外，还可以借用有关乡愁的歌曲来拓展，如罗大佑的《乡愁四韵》等。

6. 在无字处拓展

文学跟绘画一样，讲究"留白"的艺术，给读者留有充分的想象余地。教师要充分挖掘文本的"弦外之音，言外之意，韵外之致"，让文本的内涵得到升华，也让文本得到了一次再创造。

如一位教师讲授《小巷深处》一文时，讲到"我"不希望母亲去城里看望我时，母亲默默转身去为我做饭的情景，笔者让学生去想象母亲当时的心情并写下来。这样做不仅锻炼了学生的想象和联想能力，而且也加深了学生对母亲那种深沉、无私的母爱的理解。

7. 在比较之中拓展

将语文教材的内容与相关的知识进行比较，可以加深学生的理解，提高学生的知识迁移能力。

如在教学《孔乙己》一文时，可以把孔乙己和范进做一个比较，虽然两个读书人在科举制度下的命运不同，但深受毒害的本质是相同的，以及作者对两人的不同态度；还可以把古代的科举考试制度与现今的考试制度以及国外的考试制度进行比较，进一步加深学生对古代科举制度的印象。

8. 在学科的渗透中拓展

语文学科具有很强的渗透性，与其他学科的联系比较紧密，在语文教学中不能仅仅立足于语文教材，而是要充分结合其他学科知识进行知识的联系与迁移。如在讲授《河中石兽》一文时，关于为什么从上游而非下游找到没入水中的石兽，可以结合一定的物理知识帮助学生理解课文。再如《愚公移山》还要结合一定的地理知识，弄清楚几个关键方位。

9. 在语文活动中拓展

语文学习的内容是丰富多彩的，学习形式自然也应当是丰富多彩的，要让语文课"活"起来，让学生在学习中享受到乐趣，可以设置一些语文活动让学生参与。一来可以激发他们的学习兴趣，二来可以体现学生的主体地位，培养学生的独立自主的学习习惯和创新意识。这些语文活动的设计可以是在课堂内完成的，也可以是在课外拓展的。活动形式尽量多样化，可以演讲、辩论、讲故事、赛诗、演课本剧、搞拍卖会、模拟法庭审判等。

10. 在生活经历中拓展

生活是一切知识的源泉，脱离了生活的教学就是无源之水，无本之木。如何让学生在生活中发现感动，发现美，就需要教师在教学中注意引导，多从现实生活中寻找鲜活的事例来充实文本，让学生知道其实感动就在身边，生活处处即语文。

三、文本拓展的不同类型

现在有不少老师，把文本拓展片面理解为：在一篇文章学习之后，或就某个话题让学生说话练习，或围绕某个主题进行片段写作，甚至有些老师对文本解读浅尝辄止，却又急吼吼地拿出另外一篇类似的文章来，设计若干个题目，让学生来完成。这些文本拓展虽然是从文本衍生出来的，但是给人的感觉，却又距离文本的内核很远。文本拓展应该融合在课堂教学的每一个环节中。

比如，教学范仲淹的《渔家傲·秋思》，在文本解读之前，先进行拓展。把若干边塞诗歌联起来进行诵读，让学生深切感受边塞诗歌意境开阔、风光绮丽、气势雄伟、征战悲壮等特点，然后进入《渔家傲·秋思》的学习，这样的拓展叫蓄势。

比如，教学刘禹锡的《陋室铭》，学生借助课文注解，能够了解"白丁"的意思，但是，为什么称平民为"白丁"呢？可以在这里进行拓展，补充一个材料：即关于古代服饰颜色的文化常识。这样可以帮助学生领会"往来无白丁"的高雅情趣，这样的拓展叫释疑。

再如，对于一些内容浅显、主题明朗的文章，我们就需要设计精妙的文本拓展环节，以达到"浅文深上"的目的。比如教学普希金的《假如生活欺骗了你》，可以进行两次拓展：欣赏诗歌《假如你欺骗了生活》；创作诗歌《假如生活可以从头再来》，这样的拓展叫深化。

再如，教学苏轼的《记承天寺夜游》，可以设计这么一个学生活动："你觉得苏轼是一个的人？找一个带'闲'字的词语来修饰，并说说理由。"有学生说，苏轼是一个清闲的人，无事可做；有学生说，苏轼是一个悠闲的人，他淡泊名利，寄情山水；有学生说，苏轼是一个充满闲趣的人，能够欣赏到别人不在意的风景；还有学生说，苏轼是一个故意作出悠闲之态的人，他胸怀大志，却遭人暗算，被贬黄州，心中愤懑自然需要排解……苏轼在黄州的生活究竟怎么样呢？我们不妨借助他在黄州期间写的一些词句来看他的心情："惊起却回头，有恨无人省。拣尽寒枝不肯栖，寂寞沙洲冷。"通过对这些词句的诵读，学生可以领会苏轼当时的心情是寂寞的、忧伤的、凄凉的。"谁道人生无再少，门前流水尚能西！休将白发唱黄鸡。"诵读这些词句，学生就算对诗句的内涵不完全理解，但还是能够感受到苏轼的豁达、乐观和洒脱。把这两个文本拓展的结论结合起来，对苏轼的理解自然就准确了。这样的拓展叫校补。

再如，在教学欧阳修的《醉翁亭记》这一经典名篇时，不仅要让学生体会张弛有度、音韵和谐、语言清丽、余味悠长的文本之美，更要体悟欧阳修以民为本，与民同乐的博大情怀。所以在分析文本时，除了让学生了解欧阳修在中国文学史上的重要地位外，一位老师还从四个方面来补充完善文中的"醉翁"形象。第一，名师出高徒，桃李满天下。宋仁宗时代文坛、政坛风云人物三苏（苏洵、苏轼、苏澈）、王安石、曾巩都曾受过欧阳修的指点，或者是他的门生。第二，热爱生活，情趣高雅。欧阳修字号"六一居士"。他说"吾家藏书一万卷，集录三代以来金石遗文一千卷，有琴一张，有棋一局，而常置酒一壶"，"以吾一翁，老于此五物之间，是岂不为六一乎？"第三，为官一任，造福一方。欧阳修上书为变法失败被贬的范仲淹等辩护，被贬为滁州太守。在滁州，他对于政事实行宽容和简化政策，不足两年，滁州百废俱兴，百姓安居乐业。他后来曾任职开封府，前任是有名的包拯，威严得很；而他则持以宽简，办事往往不动声色，同样把开封府治理得井井有条。清朝时，有人曾将他与包拯相比较，在开封府衙东西侧各树一座牌坊，一边写着"包严"，一边写着"欧宽"。在这样的知识延展中，一个立体的、以天下为己任的"醉翁"形象就矗立在学生心中，《醉翁亭记》才会真正成为他们心中不朽的经典。这样的拓展叫升华。

语文课程的学习，既是学生通过语文学习和实践活动，逐步掌握语文知识和技能的过程，又是他们陶冶情操、拓展视野、开发思维能力、提高人文素养的过程。对于《记承天寺夜游》《醉翁亭记》《岳阳楼记》等兼具工具性与人文性的语文，就应立足课本，跳出课堂，拓宽学生的知识面，博其见闻，从更广的层面上来培养学生的语文素养。

基于上述认识，我们可以得出这样一些结论：有效的课堂拓展是属于语文课堂的，要姓"语"；必须立足文本，与课堂教学的每一个环节是相融共生的；要能"放"得出去，更要能"收"得回来。

文本拓展是课堂教学的有机组成部分，精心设计的有效拓展，可以引领学生更深入地、更形象生动地走进文本，进入语文更广阔的读写天地，它让学生在思维上得到开拓与创新，在情感上得到正确的引导和熏陶，在表达上得到相应的训练，从而让我们的语文课锦上添花！

第六节　反思课堂讲解

讲解是人们解释或解说知识和专门技术的行为方式，是课堂教学中采用的最普遍最经常的教学方式，是作为中介语言增进学生认知水平的重要技术手段。讲解作为一种传统的教学方式，至今在语文课堂教学中仍然发挥着重要的作用。讲解关系到教学的成败，所以反思课堂讲解是否得法是反思课堂教学有效性的重要环节。

一、课堂讲解的三个组成部分

语文教学"以教师为主导、以学生为主体、以训练为主线"这一方针并不否认讲解的作用，而讲解恰恰是教师发挥主导作用的主要形式。我们必须反对"满堂灌"的"填鸭式"地讲解，提倡富有启发性和实效性的讲解。要提高讲解的实效，一方面要讲得重点突出；另一方面要讲之有术，讲而得法，讲得灵活生动，有声有色，并与其他教学手段配合默契。因此，讲解也是一种艺术。熟练地掌握运用这一艺术可以取得事半功倍之效。所以熟练地掌握并运用讲解技能必须要解决三个关键性的问题：为什么讲，讲什么，怎样讲。

为什么讲，就是要明确讲的目的。一方面，我们不能把教师的讲解奉为唯一法宝，认为只要教师一讲，教学的任务就可以完成了。另一方面我们又不能无视讲的作用，"教是为了不教"，那么，"讲"就是为了达到不"讲"的目的。

讲什么，就是要确定讲的内容。内容要求有针对性：符合学生的年龄特点、知识水平和认知能力，切中学生学习中的薄弱点。一般说来，教师的讲解有四个方面，一是介绍相关材料，帮助学生扩大知识面，增进对教材的理解。二是分析教材中的重点、难点。三是答问解疑。四是评价学生的学习结果。

怎样讲，就是要选择恰当的讲解方式。一要有科学性。具体指：结构合理、框架清晰；条理清楚、层次分明；观点正确，证据、例证充分，并能透彻分析例证与新概念之间的关系；时控得当。二要有艺术性。具体指：语言流畅，准确、明白、生动，善于启发学生思考，注意形成连接，善于收集学生的反馈信息，及时调整讲解的方式和程序，讲解要同演示、提问、板书等其他技能有机配合。

二、讲解的主要方式

由靳健先生、石义堂先生主编的《现代语文教育学》根据不同的教学目的、教学内容、教学方法和学生的实际情况，将教师可以采用的讲解方式分为串讲、评点、分析等。

串讲是指教师按照文章的顺序，逐句逐段将不易理解的词语加以讲解，并串联上下文，疏通文意的一种讲解方法。教师一方面通过对语言的分析，让学生领悟文章思想内容的精妙之处，另一方面又抓住文章所要表达的思想内容，推敲作者锤炼语言的功力，上下呵成一气，从而促使学生理解。作为传授新知识的课，尤其是在文言文、旧体诗词和较难懂的鲁迅杂文的教学中，串讲法不失为一种有效的教学方法。但是此法较烦琐、死板，容易导致课堂气氛沉闷，影响学生的学习积极性。

评点法源于古人的评点读书法。古人读书，有时一边读，一边在关键处圈点，并在有关的词、句、段旁写上评语。这种方法运用到阅读教学上，往往是教师或学生读一句或一层之后，由教师对关键词句作画龙点睛式的点拨，在重要的句、层之间做有关内容或写法的评论。评点法的优点是能够指点文章的脉络，揭示作者的用心，并有利于精讲；缺点是易使教学内容琐碎。评点法应与其他教学方法穿插使用。

分析法又称为讲析法。分析与综合相对，它是把事物的整体分解为各个部分，或把整体的个别特性、个别方面区分开来。分析的过程是不断去粗取精、去伪存真、由此及彼、由表及里的过程。白话文阅读教学中的分析法，就是教师讲课时以分析为主，分析的目的在于促使学生的深刻理解。分析法一般适用于教学内涵深邃的文章，通过对文章的精当的分析，有助于得出正确的结论。但以往的阅读教学中，分析法常常被用来"讲深讲透"，课文因此被肢解得支离破碎，学生"只见树木，不见森林"。教师为了分析透彻，往往旁征博引，只注意钻研教材而忽视对于学生的了解。分析法在运用时应注意把握重点，分析学生难以独立解决的问题，分析时应要言不烦，切中肯綮，要善于提问启发、归纳总结。

《微格教学论》中认为讲解技能由讲解的结构、语言清晰流畅、使用例证、进行强调、形成连接、获得反馈六项典型教学行为要素构成。这六个技能要素反映了圆满有效地完成讲解任务，实现其教学功能所必须要做而且要做好的关键成分。

笔者多年从事中学语文一线教学工作，在上述这些著名理论的指导下，根据自己的教学心得并借鉴其他语文教师的成功经验认为课堂讲解方式主要有以下几种：

1. 直述式讲解

直述式讲解就是对知识直接介绍交代的讲解方式。内容多为文章的时代背景、作者身世、作品情况和学生初次接触的新知识。直述式讲解要抓住重点，要言不烦，讲得清晰条理、简洁明白、干净利落，不节外生枝、借题发挥。

例如，讲《茅屋为秋风所破歌》，介绍杜甫，只需讲清杜甫是唐代伟大的现实主义诗人，主要诗作有《三吏》《三别》等。他的诗歌多反映战乱中人民的疾苦，表现了忧国忧民的思想感情。他的诗被后人称为"诗史"，他被誉为"诗圣"就行了，不必大讲他的仕途身世和奇闻逸事。对学生第一次接触的新知识进行直述式讲解必须讲得准确、清楚、透彻，并力求语言生动有趣，给学生留下深刻的印象。

2. 引导式讲解

引导式讲解就是带有指向性、导入性的讲解，借此把学生引入求知的科学门径。这种讲解一般安排在每个教学阶段的开头。它和直述式讲解不同，引导式讲解不需讲解知识的全体，只需讲解开头，指出方向，从而引出主体；或讲解一部分，引出其他部分，让学生思考，求知解难；也可以为学生提示全文主要内容的写法技巧，教给阅读方法，给学生阅读课文指路，或为其指出课文阅读重点，为其自学导向。

如讲解文言文《劝学》，教师可先讲解第一段，弄清有关文言虚词及所用比喻论证方法，总结本段内容，主要讲学习的重要性，然后要求学生参照教师的方法阅读、理解第二段和第三段的字句、内容和写法。

3. 问答式讲解

问答式讲解也是一种常用的讲解方法。问答式讲解分为两种：一种是设问式讲解，一种是反问式讲解。

设问式讲解，即教师自问自答。讲解时先设问，提出一个使学生感兴趣或针对性极强的问题，引起学生注意和思考，然后再明确地给予解答，这样容易给学生以极深的印象。

例如讲《皇帝的新装》，在分析故事结局时，可先设问"一个国家有那么多人，为什么要安排一个小孩子说出真相"，然后引导学生体会天真烂漫、无私无畏的童心的可贵，同时也要让学生认识到这个结局的深层内涵：孩子代表未来，代表希望，孩子的单纯无畏，让我们在这个黑暗的社会还能看到希望的曙光，不至于太过绝望。

反问式讲解，是只问不答，但实际上在反问中已包含着答案，不言自明。

例如讲《孔乙己》一文中反映孔乙己结局的语句："我到现在终于没有见——大约孔乙己的确死了。"教师可提问："大约"表猜测，"的确"表肯定，这两个词语连用难道不矛盾吗？用这个反问句引发学生的思考。帮助学生联系前文内容和当时的社会背景体会这两个词的精妙传神："大约"表示是"我"的猜测，孔乙己当时已无力维生，加上二十多年也没有见到，可是也无人亲见孔乙己的死亡。但在那样冷酷无情的社会里，孔乙己肯定是活不下去的，所以用"的确"表示"我"猜测的结论。这句话深刻地写出了孔乙己无人关心的悲惨结局，反映了冷漠的世态。

再如讲《我的老师》一课第三自然段时，教师可提问："作者既然写老师从不打骂我们，却又写'仅仅有一次，她的教鞭好像要落下来'，这难道不矛盾吗？"学生通过细看课文完全可以判断：老师的教鞭只是"好像"要落下来，并非真的地要落下来，老师"爱"学生，并无存心要打之意。这样的描写只是突出淘气、机灵的孩子对老师的理解。

4. 迂回式讲解

《学记》中说："记问之学，不足以为人师，必也其听语乎，力不能问，然后语之，语之而不止，虽舍之可也。"它告诫为人师者，不能不顾学生的实际，盲目的照本宣科，长篇大论，一味讲解不已，只有当学生不能提出问题时才给予适当讲解，讲解还不懂，就不要硬讲下去了，这时可以避开正面，先从侧面迂回，讲清与其有关的其他问题，然后再讲问题本身，即绕个弯子上坡。

比如分析美国作家莫顿·亨特《走一步，再走一步》一课中的父亲形象，如果直接讲解父亲教子有方，学生恐怕难以理解。但如果采取迂回战术，先让学生说说自己遇到困难或犯错误后，父亲通常是怎样做的，然后再引导学生找出课文中关于父亲看到儿子被困在山崖上时的语言描写，与刚才的回答进行比较，看看这位父亲的做法有何不同。学生很容易就能分析出：课文中这位父亲在儿子遇到困难时，不冷漠指责，不包办代替，而是给孩子勇气，帮助他独立战胜困难。于是教子有方的疑惑就迎刃而解了。这好比打仗，正面进攻不易，可侧面迂回。这种方法可化难为易，化抽象为具体，因而不失为一种科学的讲解方法。

5. 点拨式讲解

点拨式是一种省时高效的讲解方式。诺贝尔奖获得者保罗·塞缪尔森说："成功的'秘窍'之一就是名师的点拨。"可见点拨对学生学习的重要性。"点"，即点破要害；"拨"，即拨疑解惑。学生知道了要害，还不一定能透彻理解，需拨疑解惑后方能融会贯通。"点"必须点在节骨眼上，点得准，点得巧，点得艺术。

例如讲《桃花源记》时，学生对陶渊明作为一个封建士大夫能够写出这样一个没有剥削、没有压迫的理想社会，感到难以理解。这是学生学习的疑难之处，老师应给予点拨讲解，为学生拨疑解惑：由于作者生活在一个战乱频繁、生灵涂炭的时代，因对统治阶级不满，才辞官归田，过着俭朴的生活，与劳动人民有过一段接触。作者构思这样一个和平恬静、怡然自乐的社会，是与黑暗现实的鲜明对照，是作者不满现实的一种精神寄托，也是千百年来被压迫人民的理想境界。但是，这种理想境界不过是一种理想化了的小农经济下的田园生活，是一种不可实现的空想。这和无产阶级的最高理想——共产主义是不同的。

6. 幽默式讲解

幽默式讲解就是运用诙谐的语言、幽默的姿态和风趣的内容来讲解，从而造成意想不到的教学效果。马卡连柯说："同样的教学方法，因为语言不同，效果就相差二十倍。"幽默风趣的语言可以把抽象的道理具体化，把概念的东西生动化，把深奥的理论浅显化，把枯燥的知识趣味化。一个教师如果其语言、姿态有一份幽默，他的教学就有了个性魅力，就有了智慧的光彩。如果他的教学内容恰当地引用幽默故事、寓言，就会增强教学的生动性和趣味性。

例如：一位老师在强调写作文要言之有物，主题鲜明时，先讲了一个小故事：纪晓岚是有名的大才子，当时的读书人都以能得到他的指导为荣。有一天，一位年轻人拿着自己文章请求纪晓岚给他指点一下。纪晓岚批了八个字"两个黄鹂鸣翠柳，一行白鹭上青天"。年轻人不解其意，拐弯抹角的请教，纪晓岚慢悠悠地说了两句话："两个黄鹂鸣翠柳，不知所云；一行白鹭上青天，不知所往。"年轻人这下明白了，纪晓岚是告诉他，文章写的内容空洞，主题不明。这个故事让学生会心微笑，同时也明白好文章应该具备的要素。正是这个幽默诙谐的故事给课堂创造了一种欢乐的气氛，使学生在轻松愉悦的心境中吸收了知识的营养。

另外语文课堂讲解的方式还有示例式、抒情式、解惑式等等。这儿不再一一详解。但不论采用何种讲解方式，必须立足于对课文内容的深刻理解和对教学目的的准确把握。根据内容和要求灵活选择适用的讲解方式，应该是一条原则。唯有如此，才能讲得精，讲得活，讲得透，讲出兴味，讲出意趣，讲出奥妙，才能以一当十，点石成金。

三、把握讲解的时机

许多优秀的教学范例都可以证明：课堂教学中成功的讲解肯定要讲在当讲之处。何谓当讲之处？一言蔽之，就是要把握讲解的时机。当学生思路受阻时，讲解以接通；思路狭窄时，讲解以拓展；思路凌乱时，讲解以梳理；思路浅显时，讲解以掘进；思路偏向时，讲解以明晰……

除了把握讲解时机，适时施教，还要注意讲解教学要"当其可"。难易程度适当，防止过难过易。充分利用学生已有的知识，"温故而知新"。善于运用学生比较熟悉的浅近事物阐发较深刻的道理，"能近取譬"。从多方面激发学生的学习兴趣，使其"好学""乐学"，始终感到"学如不及，犹恐失之"。处于"欲罢不能"的状态，犹如嗷嗷待哺的婴儿得到食物一样，对待学习如饥似渴。这样才能使学生"闻一以知二""闻一以知十""告诸往而知来者"，既能主动地获取更多的知识又能发展思维能力。

1. 讲学生与文本"对话"而"对话"不明的

学生与文本"对话"，是指学生在阅读文本过程中，搜集处理信息、认识世界，拓宽思维，获得审美体验的一种对话。这种"对话"对理解文本有益，但由于学生有时对文本丰富的内容和深刻的含义理解不透，却"话"而不明，要解决此问题，有效的方法是相机点拨诱导，学生立即就会明白过来。

例如教《邓稼先》一文时，学生对作者（杨振宁）评价邓稼先"是中国几千年传统文化所孕育出来的有最高奉献精神的儿子"这句话的含义理解不了，老师便给学生点拨："要理解这两句话，首先要明白中国传统文化的精髓是什么这个问题。"学生一下子豁然开朗，纷纷发言："中国传统文化的精髓是忠厚"，"是朴实"，"是谦虚"，"是真诚"……"这些品质邓稼先身上都有，所以作者要说他是中国几千年传统文化所孕育出来的有最高奉献精神的儿子。"教师充分肯定了学生的发言并加以深化："中国传统文化还讲究人与人之间和谐、和睦相处，所谓'睦邻友好'嘛。古人有许多言论都能体现中国传统文化精神，如'天行健，君子以自强不息'，'待人以诚'，'言必信，行必果'，'君子以厚德载物'，'文质彬彬'，'温柔敦厚'，'虚怀若谷'……从课文中讲述的事实看出，邓稼先正是汲取了中国传统文化的精华，并把它们变成了自己的精神品格。"通过点拨讲解学生不仅明白了文本的含义，而且更体会到了中国传统文化的博大精深。

2. 讲学生"体验"情感而"体验"不到的

从新课程的基本理念到课程目标以及教学建议，在阅读中多次提出学生阅读时要"获得独到的感受和体验""有自己的情感体验和思考""应引导学生设身处地去感受体验"，可见，新课程把体验提到了一个非常重要的地位。那么何谓体验？体验是一种过程，是主体内在的、历史性的知、情、意、行的亲身经历与验证。这里既有情感因素，又有认知成分，二者相互交融在一起，以"情感体验"为中心，渗透到阅读教学过程之中；学生以文本为载体，引发对文本蕴含的思想感情的品味，从而获得对文本内涵的深刻体验，可是这种体验在阅读时往往体验不到，那么，怎么"讲"才能使学生体验到呢？

较好的途径是品味语言，表达体验，比如教萧红的《回忆鲁迅先生》这篇文章时，老师就通过让学生品味语言来把握文章的内涵。《回忆鲁迅先生》是众多回忆鲁迅先生的文章中最独特隽永、最生动传神、最富人情味的佳作。

它通过女性的细心观察，敏锐地捕捉到了鲁迅先生生活中许多有灵性的生活细节，如实地再现了一个鲜活生动、立体感人、可敬可亲的鲁迅形象。可是学生对这一点的体验却不甚了了。于是教师首先从方法上加以指导："散文是一种因小见大的文体，讲究'一粒沙里看世界，半瓣花上说人情'。本文就是通过讲述先生的日常生活琐事，从细微处显示了先生的伟大思想和高尚的人格，但又绝不是令人感到高不可攀和难以置信的。"接着，老师又让学生读文章，品味作者为什么一开篇就写先生的"笑"（原文是：鲁迅先生的笑声是明朗的，是从心里的喜欢。若有人说了什么可笑的话，鲁迅先生笑的连烟卷都拿不住了，常常是笑得咳嗽起来），可联系已学过的《自嘲》《有的人》来思考。学生的思路被激活了。一位学生说：在以往的印象中先生总是一位神情严峻，"横眉冷对千夫指"的斗士形象，而这文中的先生却是一个从心里发出爽朗笑声的慈爱长者，是一个普普通通可亲可爱的老头。另一位学生又补充道：开篇首写先生的笑，这不仅突出了先生坦白真诚、平易近人的性格特点，而且一下子拉近了与读者的距离，那笑声仿佛就在耳边响起，是那么富有感染力。看来学生已经体验出作者的匠心独运，我又何必多言？在这样良好的态势下，我又让学生体味了海婴以父亲的药瓶引以为傲和先生说"明朝会"，以及先生工作和去世等等细节，都取得了良好的效果。

这样"涵咏体味"地指导学生讲，正像新课标所指出的那样，要让学生"注重审美体验，能感受形象，品味语言，领悟作品丰富的内涵，体会其艺术表现力，有自己的情感体验和思考"。学生读出了劲，品出了味，悟出了理，由于这样指导，学生不但体验到了作者用词用语的妙处，还品出了先生"我以我血荐轩辕"的伟大爱国情怀，经历了一次心灵的洗礼。

3. 讲学生"探究"问题而"探究"不出的

"探究"一词的提出，是语文教学新理念的一个特点，也是学习方式改革的一个亮点，这种学习方式，能使学生情感得到体验，探索精神和创造力得到发展。因此，在语文课中指导学生怎么探究意义重大。

问题探究，是指在语文教学中创设一种类似于学术研究的情境，通过学生发现问题，分析问题，解决问题的探究活动，来获得知识和技能，发展情感与态度，培养探索精神和创新能力。问题探究的主要特点是问题性、时间性、参与性、开放性。这"四性"中培养学生问题意识，是第一性。问题意识是一种怀疑精神，一种探索意识，它是创造的起点，没有问题意识就没有勇气探究创造和追求真理的科学精神。英国科学家波普尔说：科学的第一特征是"它始于问题，终于问题——越来越深刻化的问题，越来越能启发新问题的问题。"由此可见，敏锐的问题意识，善于发现问题，并能孜孜以求地探索解决问题，是创造性人才的重要特征。建构主义学习理论强调学生要对问题主动探究，主动搜集并分析相关信息和资料，对所有探究的问题要提出各种假设并努力加以验证。苏霍姆林斯基认为，探究问题"能增强学生对周围实际现象的兴趣"，发展他们看出多种事物和现象之间的相互联系的探究能力。这种能力要在积极参与分析问题的过程中培养，但是，问题探究起来有一定难度，因为这种探究表现在研究课题的结论是未知的，非预定的，结论的获取也不是教师传授或从书本上直接得到的，而是学生通过查阅资料，假设、求证、最终解决问题来得出自己的结论。那么，这种探究卡壳时，教师不能袖手旁观，要提供资料指导学生去得出结论。

例如在上陆游的《卜算子·咏梅》一词时，老师布置了这样的预习作业：第一，收集整理关于梅花的古诗词并分析一下古诗词中的梅花意象。第二，查找关于陆游生平、思想的资料以及这首词的写作背景。在课堂反馈中老师发现学生是认真的查找了资料，收集了许多关于梅花的诗词曲赋，并且大多数学生还能分析出梅花于风雪严寒中，不但不凋谢，反而开出艳丽的花朵，成为传统诗歌中气节坚贞的意象。但也就仅此而已。于是教师就着学生整理的资料，做了进一步的讲解："梅在雪中开，不同的诗人走过，以不同的心境读梅花，感受自不同，于是千人千咏成就了千诗千词。可是这些托梅花以明心志的佳作，大多都带有孤芳自赏、消沉无奈的悲剧色彩，陆游的《卜算子·咏梅》更是将这种基调推到了极致。"接着，又让学生品读这首《咏梅》，思考为什么说它将梅意象的悲剧基调推到极致。大多数学生都能说出是因为"零落成泥碾作尘，只有香如故"这两句诗，可是为什么就说不出了。教师告诉学生从你们所整理的陆游的资料中去找答案。那些资料翔实的学生很快就得出正确的结论：陆游写这首词时正是政治上饱受排挤打击，一片忠贞爱国之心无以为寄。作者笔下寂寞凄凉、饱受摧残的梅花形象，正是诗人自己的写照。诗人虽有九死不悔之信念，可恨无力回天，形体已被蹂躏的不复存在，唯有高洁的精神永存世间。这样在老师的帮助下，学生自己发现问题得出结论，不仅培养了动手查阅资料的能力，更重要的是探索问题的思维能力得到了有效提高。

需要说明的是，探究的目的不是为了让学生完成某一课题，从事专项研究，重要的是培养他们的问题意识和探究能力，不要片面理解，以为提倡探究就是要求学生都像科学家那样去搞发明创造，去搞科研，问题探究不是一项课外活动，是在教学过程中一以贯之的学习方式和态度。

4. 讲学生"辨析"问题而"辨析"不出的

新课程强调学生情感、态度、价值观的培养，强调塑造学生健全的人格。可是，中学生由于年龄、经历、知识面等方面的欠缺和不足，往往难以具备正确的是非判断能力和正确把握、处理问题的能力。这个时候就需要教师正确的讲解以正视听，对学生的情感、价值取向做正确的引导，从而防止错误观念的产生。

例如，分析《愚公移山》一文时，教师设计了这样一个问题：天帝"命夸娥氏二子负二山"帮助愚公完成移山的愿望的神话结尾是一种迷信思想的体现吗？学生有的认为是，有的认为不是，可是都答不出所以然来。于是教师讲解："回答这个问题首先要明确两个概念：何谓神话？何谓迷信？'神话'就是关于神仙或神化的古代英雄故事，是古代人民对自然现象和社会生活的一种天真的解释和美丽的向往。'迷信'就是利用人们的无知和愚昧盲目的信仰崇拜神灵鬼怪等超自然的东西。从感情色彩来看，'神话'是褒义的，而'迷信'是贬义的。"概念明确了，学生马上判断出了本文的神话结尾不是迷信而是反映了古代劳动人民的美好愿望，借神力征服自然，以实现愚公之志，这是人们的共同心愿。我还进一步补充了这样结尾的另外两个好处：一是赞颂了愚公开山平险心意之诚，意志之坚，可谓感天动地，突出了故事的主题；二是增添了故事的瑰丽色彩，既富于想象，又寄予深情。

"辨析"这种学习方式，不仅能使学生获得正确的观念，更能使其探索精神和创造力得到发展。因此，在语文课上指导学生怎么辨析问题意义重大，是培养创造型人才不可或缺的手段。

5. 讲教材知识延伸而学生延伸不到的

新课程要求教师在教学过程中，开拓学生的视野，发展学生的智力，激发学生热爱祖国语文的感情，培养健康高尚的审美情趣，培养社会主义品质和爱国主义精神。而这些目标的实现都离不开广博的阅读，深厚的文学积累和良好的语文素养。所以拓宽学生的知识面博其见闻是语文教学的重要一环。

例如在讲曹操的《观沧海》一诗时，其中有两句诗"日月之行，若出其中；星汉灿烂，若出其里"是抒发诗人远大的政治抱负的。可是由于诗句精炼深邃，加上学生与诗人的时代、经历、气质相去甚远，学生难以理解诗句的内涵。面对此种学情，于是教师简要讲解了曹操作此诗时群雄并起的社会背景及诗人统一天下的政治抱负。然后才归纳："诗人认为日月星辰的运行离不开大海的怀抱，大海宛如日月星辰的母亲一样。这样就写出了沧海吞吐日月，含孕群星的气派。作者以沧海自比，那么其建功立业的雄心壮志就跃然纸上了，这也是诗以言志的体现。"听到这里，许多同学皆有恍然状，原来如此。有学生这样谈感受：他完全被曹操超人的气魄所折服，竟有身随曹操"东临碣石，以观沧海"之感，深深体会了诗人"天下英雄谁敌手"，顾盼之间睥睨自雄的豪迈与狂傲，真是"沧海横流方显英雄本色"。诗的意境竟然被他一语中的，着实可喜。看到学生意犹未尽的神态，教师又忍不住补充："曹操的功过是非都随历史远去，他怎么也想不到千年之后，又有一伟大人物登上了他当年观海的那片山，并且还写了一首词回应他。诗是这样的：'往事越千年，魏武挥鞭，东临碣石有遗篇，萧瑟秋风今又是，换了人间。'"面对这样的文坛佳话，许多学生都流露出悠然神往之态。这节课后有些学生看起了《三国演义》，大多数学生都背下了这两首诗。所以语文教师千万不要忽略合理的知识延伸，它不但增广了学生的见闻，更重要的是提升了学生阅读、求知的兴趣。有了这样的兴趣，何愁学生的文学积累不深，语文素养不提高？又何愁你的教学不产生事半功倍的效果？

四、课堂讲解的目标——"精讲"

（一）精讲的指征

"精讲"是课堂讲解追求的目标。"精讲"之"精"，体现了讲解的水平，也直接关系到教学的效率。它是指优化教师的讲解意识和技术，要求讲得精彩，讲得精当，讲得明白，讲得科学。简而言之，"精讲"之"精"就是要在单位时间里达到量少质高的水平。

区培民老师在他所著的《语文教师课堂行为系统论析——课程教学一体化的视点》将"精讲"和非"精讲"的具体指征罗列如下：

"精讲"的指征有：信息量大·结构紧凑严密·言简意赅·随机性，有灵感，重反馈·逻辑条贯·以概念、原理为抓手·言语规范通畅。

非"精讲"的指征有：信息量小·结构松弛散漫·言简（或不简）意昧·随意性，漠视反馈，自我中心·非逻辑、意识流·抓手不确定·言语失当，有障碍。

（二）"精讲"的内涵

在对比中，我们明确了"精讲"在内容、形式、过程方面的必要条件。

1."精讲"不等同于少讲、简陋的讲，更不是滥讲

精讲并非只是数量的要求，更是质量的要求。在这一观念上发生偏差，就会导致以下负面效应：

（1）"精讲多练"变成为"少讲多议"，即语文课堂的"放羊"现象；"精讲"成为施教者掩盖自身教学语言水平、讲解行为能力不足的"防空洞"，成为教师忽视优化自身课堂教学基本功的借口。

（2）个别教师将自己无文采，无润饰，无句式变化，无停顿和不交流的课堂讲解美其名曰"言简"。其实"言简"之"简"是指简约明了，恰到好处，绝非简陋。讲解要求"言简意赅"是指：语词明白精当·语法简单规范·修辞通俗生动·逻辑严密合理·口齿清晰流利·切合听讲心理·观点鲜明·意味明朗·议论确凿。

（3）我们固然反对课堂上随一己情绪、好恶而说，口出千言，离题万里，无意义信息膨胀的滥讲，但也不提倡那种按教案索骥式的讲解，虽然无意义信息较少，但由于未能适时而动，往往不够精彩生动，对学生兴趣，行为的推动力不足，因而谈不上"精"。真正优化的讲解应该抓住教师之"灵机"，学生反馈之"时机"，教材之"天机"。概言之就是：讲解要发掘教材之精髓，咀嚼英华，要挥洒教师自我的灵感才气，掌握学生的颜色态度，以变应变，造势乘势。

2. 处理好"精讲"与"多练"的关系

讲与练在单位时间中的确是一对矛盾体。现实中，许多教师常常为如何解决这一矛盾而犯难。如果遇上应考应试，以练代讲十分普遍；练，促成语文的"题海战术"，使之成为学生语文学习中的"难以承受之重"。在应试教育向素质教育转轨的时代进程中，要切实减轻学生负担，处理好"精讲"与"多练"的关系就具有极为紧迫而重要的意义。

从教学类型来看，"讲"是适应于言语信息、认知策略的教学类型，"练"适应于智慧技能、动作技能的教学类型。两者具有不同侧重的教学功能，无法判断孰优孰劣。其实，学生内部学习行为的习得变化才是唯一的判断标准。当然，好的讲解在影响学生认知兴趣和认知结构方面比练习更有价值。

在"讲"与"练"的关系中，讲起主导和先导作用。

（1）讲解的主导性。讲解所具有的传播语文教材人文因素的教学职能，与练习等其他教学方式手段相比，有自己独特的教学形态：发掘课文知识点蕴含的人文因素，从审美理解、审美评价等角度予以诠释和阐发；再现作品的意境、情景，以艺术性的语言形容描摹。释放教师对教材之"道"之"美"之"理"的价值态度、情感体验，组织起语文以外的新的言语信息系列，予以渲染、宣示、陶冶；表现教学的教育性、教养性，教师以教学独白显示认识水平和方法、思想情感倾向、人格以及语言能力等，作示范，作榜样，发生综合的影响。显然，语文学科教学中的讲的主导作用是通过强化和优化课程的德育、美育功能得以突出的。

（2）讲解的先导性。在对一个知识点进行教学时，顺序一般是先讲解后练习。这里强调的先导性，不在于"讲"与"练"的外部顺序，而在于"讲"对"练"的内部作用，即讲解对于学生练习时（包括讨论、答问、自学、作业等等）在认知心理、知识结构等方面所进行的情境预设、心境调适、信息预备等的前期准备、事先调整的指导作用。讲解"先导"于练习意味着教学活动中必须重视"有准备的练习"和"练习的可行性"。

《论语》中说："可与言而不与之言，失人；不可与言而与之言，失言。知者不失人，亦不失言。""言未及之而言，谓之躁；言及之而不言，谓之隐；未见颜色而言，谓之瞽。"教师要做不失言的智者，而不能成为躁者、隐者、瞽者。教师只有把握好讲解的时机，才能讲得精当恰切，出神入化，不仅帮助学生理解文本，提高其学养，更能帮助学生涵养情怀，提升综合素养。

第七节　反思教学语言

靳健先生在《语文课程研究》中指出："从中国语文的特点出发，从为了每一个学生的发展出发，从为了中华民族的振兴出发，语文课程标准应该追求真、善、美的理想境界，即追求最优化结构、多元性文明与创造性人格相融合的理想境界。"教学语言作为语文课堂的重要组成部分，也应以追求培养健全人格，追求真、善、美的理想境界为目标。所以反思初中语文教师的课堂教学语言是否具备这些特质，也是反思课堂教学有效性的重要一环。

一、教学语言的本质

教学语言是课堂上教与学的中介，其本质是以言语说明解释知识、原理以及知识和原理的内在联系，传达价值理想、情感思想。在语文教学中，教学语言应该具备优化范例和方法的作用，即教学语言的话语方式、行为形态、言辞风范等具有示范性；讲解的思维方法、解疑策略、逻辑过程等具有示例性。恰到好处的教学语言已经成为营造良好课堂学习氛围，提高课堂实效的重要途径。

二、教学语言的要求

中国传统文化经典名篇《学记》就对教师的语言有明确的要求："善歌者使人继其声，善教者使人继其志。其言也，约而达，微而臧，罕譬而喻，可谓继其志。"就是教师语言要简明扼要，言简意赅，通俗易懂，富于启发性。"约""微""罕"要求教学语言简、精、少，是对语言量的要求；"达""臧""喻"，是对语言质的要求，要求教学语言应当使人对知识理论掌握得通达、精善，明了得体。

西方教育家克林伯格也在《学科教学论基础》一书中指出：我们要求的教

师语言准则就是："教师必须掌握作为教育手段和沟通媒体的语词，并且慎重地、适度地投入之……在教学对话过程中，不仅存在教师博大的胸怀，而且存在教师学者般的无尽智慧……所以，语词乃是对教师人格的永恒的挑战。教师之与语词的关系，就是同语词的经年累月的格斗。"

可见，"讲述的艺术"是教师语言的本质要素。苏霍姆林斯基在谈到教师的素养时指出："教师的语言修养在很大程度上决定着学生在课堂上的脑力劳动的效率。"教师精心设计的、闪耀着智慧火花的口头语言，能把模糊的事理讲清楚，把枯燥的道理讲生动，把静态的现象讲得活起来，使学生的思维经常性地处于活跃状态，保证教学的成功。

所以教学语言应该具备如下特征：明白、易懂、具有通俗性；准确、严密、具有规范性；生动、风趣，具有感染性；深刻、含蓄，具有启发性，即不仅要包含丰富的外在信息，而且要深蕴大量的潜在信息，可以让人去品味、咀嚼，能给学生以深刻的启迪，引发它们的思考。

三、教学语言的四个层面

钟启泉老师在《学科教学论基础》一书中将教学语言大体区分为这样四个层面：第一，专门术语层面。专门术语是教学的对象，同时教学沟通又是牵涉各自学科固有的课题，以学科特有的专门术语作为手段，围绕专门术语展开的。围绕学科特有的课题与专门术语，并且以专门术语作为手段进行对话，乃是学科教学的核心，因而是教学语言的核心。第二，教学论层面。教学语言是受教学的教与学意图所制约的。大抵是在教师与学生之间、学生与学生之间，亦即教学的沟通建构者之间，求得理解的对话。第三，感性层面。教学语言是在感性语言手段与文学语言形态的影响之下，以特殊的方式得以提高审美情趣的语言。第四，日常话语层面。教授者与学习者在教学中不仅展开教学对话，而且可以借助普通对话，日常话语展开这种沟通，促进交互主体性关系。

这四个层面是交织在一起的。值得强调的是，教学语言是受到教与学的逻辑关系所制约的，即教学中的教学语言与教学语言的使用，不是无条件产生的，而是在制约教学与教学过程的外在条件和构成教学过程的内在要素及其逻辑关系之中产生的。

四、优化教学语言的前提

新课程背景下初中语文课堂教学语言必须与新的教学理念相结合，所以真正意义上的教学语言优化策略必须要有它实施的前提条件。

（一）教学观念的转变是教学语言完善和进步的保证

教学的本质是什么？自然是人的发展。任何妨碍学生发展的教学方法都以程式化的、刻板的、灌注型的、机械的、缺乏个性创造的、纯理性的为特征。以学生的发展为教学终结目的的教学行为观念，就是把行为主体的立足点移到学生——成长中的人的位置。具体到教学语言的改造完善，就是以学生为本，以课改为本，追求语言在知识信息传播以外的全方位功能的发挥，尤其重视语言在组织教学中的作用。

（二）教学语言必须发挥传播语文教材人文因素的教学职能

教学语言必须发挥传播语文教材人文因素的教学职能，并要有自己独特的教学形态。教师通过或准确或形象或幽默的教学语言，把一件件具体生动的事，一个个个性鲜明的人，一份份打动人心的情感，作用于学生的耳目，渗透于学生的心田，令学生在良好的语言环境中得到熏陶，受到教育，掌握知识，发展能力。

（三）赋予教学语言现代性意义和特征

教师的课堂教学语言应具有优化范例和方法的作用，教师的话语方式、行为形态、言辞风范等具有示范性；教师的思维方法、解疑策略、逻辑过程等具有示例性；教学语言追求的是态度、科学精神、思想智慧、个性情怀等具有教学性、教养性、教育性的目标。

（四）教师良好的素养是优化教学语言的前提

1. 教师必备素养

教学语言中教师个体的自发性、热忱、积极性，除了源于人格特质以外，还与教师对教学内容的确信、认同等正性理解有关。语文教学内容有一部分不属于"纯粹的认知"的教学信息，它们在不同教师眼中产生不同的"阅读效应"，造成教师在面对它们从事课堂讲读教学时，或情不自禁，或无言以对，或言之凿凿，或顾左右而言他等等。所以教师自身就是优化教学语言的前提基础，这就要求教师必须具备两个因素：

一是教师的人格，它决定讲解应用的态度。苏联教育家乌申斯基曾指出："教师的人格就是教育工作中的一切。"教师高尚的品德和作风，在教育教学活动中随时对学生发生着积极的感染和引导作用，是教师"身教"的基础，它不仅能够促使学生形成正确的价值观念和积极的生活态度，而且也有利于学生养成良好的习惯。

二是教师的学养，它决定讲解实施的人文品质。即合度有风范的教师言语形象，关照学习者态度的课堂言语情景，富于个性和"现场感"言语形式等。学养是语文教师"教"的底气，于漪老师曾指出："影响语文教育发展的因素众多，但语文质量说到底是语文教师的质量。"要提高语文教学质量，除了转变观念外，最核心的问题就是教师的学养——文化底蕴问题。有位专家说得好："对一个老师来说，最大的危险就是自己在智力上的空虚，没有精神财富的储备。"所以，语文教师应该广泛阅读，充实智库，裨补精神。这样，教学才会出现一片新的天地，抵达一个新境界，逐渐做到举手投足之间，一颦一笑之际，都给学生以潜移默化的影响。

2. 注意事项

教学语言在实施过程中要注意两点：一是要注重反馈，即时调整。根据学生的答问、表情、笔记等现场情境，了解学生的接收程度和兴趣态度，调整语言难易、言语速度、重复、停顿、例证等等。二是要把握言语的"度"。实际教学情境的氛围、情态对教师的讲解言语具有一定的心理暗示作用，教师因为这些暗示，在潜意识里控制住自己教学语言的"度"，不"过"也不可"不及"。在言语的繁与简、多与少、深与浅、快与慢、高与低、情与理、质与量、详与略等方面都需要及时找到转换"最佳度"。

五、教学语言优化策略

教师在课堂上要控制住自己教学语言的"度"，不"过"也不可"不及"，找到并把握最佳度就是对教学语言的优化。由于教师个体存在个性特点的差异，优化教学语言的策略也必然各不相同，但无论哪种优化策略都应或多或少的具备以下特性：

1. 教学语言应能体现人文性

教学语言应能体现人文性，体现"文道合一"中"道"的人格教化，再现教材情感、意境、哲思之美，体现个性的张扬，体现语文综合能力的培养，体现大语文、大文化的视野拓展。

例如：《皇帝的新装》的结局是让一个小孩子揭穿事实的真相，在分析作者如此设计的用意时，笔者除了明确这样结尾增加了童话本身的神奇色彩外，还重点分析了它的现实意义。孩子喻指未来和希望，设计由一个天真无邪的孩子说出事实的真相，不仅为了嘲讽成人世界的虚伪世故，同时也寄托了作者的希望：只要有心地纯真的孩子，这个社会这个国家就有希望。文学作品中类似的情况很多，像电影《红河谷》的结尾就定格在孩子的身上。《红河谷》的结尾：当惨烈的反侵略战斗结束后，镜头从尸横遍野的战场转移到空旷的原野，一个满脸稚气的孩童搀扶着一位满脸沧桑的老人渐行渐远，家国虽然饱经蹂躏，但老人和孩子连接着历史与未来，历史不会被忘记，未来将会被开创，这就是一个民族生生不息的力量。《大刀王五》的结尾也是如此，就不再赘述。

2. 教学语言要具备审美性

教学语言是一种刻印着人类审美的语言。就是说，这种语言文化充满着"语言风采""抑扬顿挫""韵律""隐喻""婉丽""富于变化的表现力"等等。尤其是教师语言作为教育的手段，创造着心灵世界的碰撞，必须是以审美性为基础的。教师通过语言传递，引领学生捕捉和领悟到审美对象内含的某些深刻意蕴，从而产生精神愉悦，获得悦心悦意的审美效果。在这种理性层次的审美意境中，学生可以凭借理解和想象因素使自己超越目观之景、耳闻之声，听到所谓的言外之意、弦外之音，进而把握其中所蕴含的丰富意蕴，达到神领意会的效果。这是一种更高级的心灵自由和谐的状态。

例如，在教授何其芳的现代诗歌《秋天》时，为了能展现诗中美不胜收的秋色秋韵，让学生沐浴在秋天独特的气息里，一位教师精心设计了教学语言。"秋天在哪里？范仲淹这样说：'碧云天，黄叶地，秋色连波，波上寒烟翠。'陶渊明这样说：'采菊东篱下，悠然见南山。'杜牧这样说：'停车坐爱枫林晚，霜叶红于二月花。'举目四望，秋色无处不在。它在盈盈秋水间，在累累硕果上，在层林尽染的山峦中，在翩然南飞的雁阵里，所以作者何其芳告诉我们：'秋天栖息在农家里'，'秋天游戏在渔船上'，'秋天梦寐在牧羊女的眼里'。下面请同学模仿课文的句式，用诗歌般优美凝练的语言描述你眼中的秋天。"也许正好是秋天，也许是受了教师感染和启发，学生的仿句给了课堂无尽的惊喜。这里选录几句："秋天绽放在火红的枫叶间"；"秋天摇曳在金黄的菊花上"；"秋天缠绵在冷冷的雨丝里"；"秋天飘零在枯黄的落叶中"……这样的诗句不正是反映了学生审美能力的提高吗？

3. 教学语言要有感染性

所谓感染，就是思想上和情感上的认同，就是心灵之弦的共鸣。在文学作品中，文学形象、文学意境本身就是促使学生产生这种认同、共鸣的很好的"召唤结构"，但由于这种"召唤结构"蕴含在字里行间，文学审美经验不足的学生不易感受到，这就需要教师在教学过程中，用自己语言来营造另一个可感可闻的"召唤结构"，把自己的阅读感受、审美体验直观地展示在学生面前，以此来感染学生。苏霍姆林斯基也说过："在每一个孩子心中最隐秘的一角，都有一种独特的琴弦，拨动它就会发出特有的音响，要使孩子的心同我讲的话发生共鸣，我自身就需要同孩子的心弦对准音调。"在教学过程中，若教师心如枯井，冷漠无情，只知生硬地向学生灌输知识，"传达"作者的情感，非但引不起学生情感上的共鸣，反而会使学生产生厌烦之感，所以要让学生动情，教师必须先动情。在课堂中教师可能是大义凛然的闻一多，也可能是充满悔意的小弗朗士；可能是忧国忧民的杜甫，也可能是浪漫奔放的李白。当教师全身心地投入到一种特定的情境，进入一种忘我的意识境界，将作品的艺术情思、艺术形象再展现给学生时，师生之间就会实现认知与情感的自然融合。这时无声的铅字就成了有声有形，令人可闻可见的动情音符。

语文教材中以情动人的文章很多，笔者经常用富有感染力的讲解，把自己的情感体验不加掩饰地在学生面前表现出来。例如讲《过零丁洋》一诗时，为了能达到让学生在浩然正气中接受一次爱国主义精神洗礼的教学目的，在上课伊始，教师充满感情地讲解了文天祥抗元的经历，包括以家产充军，组织义军抗元；屡经危局，矢志不渝；被囚三年，坚拒威逼利诱，最后从容就义。学生的情感得到了极大的调动，敬佩之情溢于言表。接着，我又声情并茂地朗读了这首诗，在学生的模仿朗读中我明显感觉到了他们的情感激荡，情动于衷而形显于外。他们的朗读也许少了些技巧，但却饱含真情，富有感染力。教师在诗歌悲壮的氛围中，对诗歌主旨做了升华性的讲解。"文天祥由刻苦读书进入仕途，在国势衰微时，毅然投笔从戎，浴血沙场。可怜他殚精竭虑、呕心沥血，也无法挽回南宋王朝覆灭的命运，可叹他有心杀贼，无力回天，满腔悲愤何以为寄？在生死关头毅然抉择："人生自古谁无死，留取丹心照汗青。'文天祥的铮铮铁骨、耿耿忠心可昭日月！这首诗之所以流传千古，光照天地，不是由于其艺术技巧，而是诗中所表现的崇高气节、悲壮情调、献身精神。"学生的目光昭示着：文天祥和他的浩然正气会永远留在他们的心中。

4. 教学语言要有启发性

何谓启发？《学记》里说："故君子之教，喻也；道而弗牵，强而弗抑，开而弗达。道而弗牵则和，强而弗抑则易，开而弗达则思。和、易、以思，可谓善喻矣。"孔子也认为："不愤不启，不悱不发，举一隅，不以三隅反，则不复也。"王筠则总结说："为弟子讲授，必时时请问之，令其善疑，诱以善问。"可见，富有启发性的教学语言，既能充分发挥教师在教学中的主导作用，又能充分调动学生作为学习主体的主观能动作用，使教与学互相结合，和谐共振，从而提高教学的效率和效果。

例如在赏析毛泽东的《卜算子·咏梅》一词时，学生对该词体现了作者革命乐观主义精神无法理解。教师指导学生从词中的"犹"字和"山花烂漫"（"已是悬崖百丈冰，犹有花枝俏。""待到山花烂漫时，她在丛中笑"）这个词语入手体会，可学生还是不得要领。教师只好进一步启发："如果把'犹'字换成'独'字，两者在心态上会有什么差别？"经过一番讨论，学生们大都领悟到："犹"是"还"的意思，"独"是"只"的意思。在心态上前者乐观，后者悲观。更精彩的是一个学生还讲了一个小故事来证明：桌上有半杯水，乐观者说桌上还有半杯水，悲观者说桌上只剩半杯水。前者的心态是庆幸有水之存在，后者的心态是担忧水之将无。所以"犹"字体现乐观，"独"字体现悲观。"犹"字的问题解决了，教师又引导学生赏析"山花烂漫"之妙。提出问题："'山花烂漫'说明春天来了，我们都学过朱自清的《春》，在《春》的结尾作者怎样描绘春天的特点？"学生很熟练的就背出来了，"春天像刚落地的娃娃，从头到脚都是新的，它生长着。春天像小姑娘，花枝招展的，笑着，走着。春天像健壮的青年，有铁一般的胳膊和腰脚，领着我们向前去。"教师又问："这几句话描绘了春天的什么特点？"学生回答："新、美、力。"这时候，许多同学开始恍然大悟："朱自清笔下美丽的春天说明他对未来充满信心，而充满信心就是乐观。毛泽东的'山花烂漫'同样给我们描绘了一个绚烂、明丽的新春世界，说明他也对未来充满信心，这不就是革命乐观主义的体现吗？"学生理解得如此透彻，教师又何须多言？

5. 教学语言要注重反馈，即时调整

在语文课堂教学中，如果教师能注意课堂上的偶然现象，包括学生的动作、口语表达、师生交流乃至学生表现出来的某种形象、气氛，等等，抓住它并同你教学中想着的教学问题联系起来，不断进行理性的逻辑比较、沟通、类推，就可能碰撞出灵感的火花。教学灵感就是教师在处理突发性事件时采取具有突变性措施所取得的一种突破性的创造性认识活动。课堂上，无论你的教案如何工整、完备，如何精密，都可能上成一堂死板的课，相反，看似毫无准备的一堂课，由于把握住了灵感，可能境界飞升。

例如：在分析权延赤的《黄河化险》一文时，课文中有一情节：在前有黄河后有追兵的危急关头，毛泽东"从容走上黄河岔的堤岸。不紧不慢，顺堤向西北方向走去"。将自己完全暴露在敌人的枪口之下。"随后，奇迹发生了：身后身侧那些山头，枪炮忽然停息；敌人的停了，我们的也停了。大地哑了一般静！"在探讨毛泽东此举的用意和奇迹产生的原因时，学生众说纷纭，但大都倾向于毛泽东此举过于冲动，这种说法显然流于表面，没有体察毛泽东的深意。笔者给学生分析道："这是一种兵不厌诈、置之死地而后生的大智大勇。"看到学生一头雾水的眼神，笔者忽然灵机一动：许多学生不是爱看《三国演义》吗？何不从中举一个战例讲讲？于是讲道："话说曹操率几十万军队尾随赵云追至当阳桥时，只见一人一骑一矛威立桥头，身后不远处的树林中烟尘弥漫。正当曹兵惊疑不已，忽听得响雷般的声音暴喝：'燕人张翼德在此！'话音方落，曹操的一员部将哇的一声，苦胆吓破，落马而亡。这一吓，让本来就惊疑不已的曹操肝胆俱裂，下意识地拨转马头，向后狂奔，曹兵随之溃败。正是：张飞当阳桥头一声吼，喝退曹操百万兵。其实树林中的烟尘并非伏兵，只是几匹马，尾巴上绑着树枝在来回兜圈子，以做疑兵之计。这就是兵不厌诈的典型案例。试想：身处黄河险境的毛泽东的决定不但关乎眼前的几百名干部战士的生死，更维系着中国革命的前途和命运，他岂敢鲁莽行事，逞一时之快？当然，无论是当阳桥头横矛跃马的张飞，还是黄河岸边从容漫步的毛泽东都是凭借超人的胆识镇住了对手，使他们不敢轻举妄动。这种死里求生，险中求胜的谋略正是利用了对方的疑惧心理才得以成功实施。所以说毛泽东确是一位有大智大勇的军事家。"教师的类比分析大大提高了学生分析文本的兴趣，他们也模仿老师的做法，调动他们的知识储备分析文本，在探讨中也就准确把握了人物的性格特征。

教师的教学灵感很大程度上靠学生激发，当然教师的知识积淀越厚重，碰撞出灵感火花概率就会越大，但教师产生教学灵感不是目的，最终目的是使学生终身受益，使学生的语文学习灵性得到启迪。如果教师能使自己的课堂常常迸发出思想的火花，让这灵感之火去照亮每一个渴求智慧的心灵，那么你的课堂教学的艺术效果将是精彩的，你的课堂教学成果将是显著的，你的课堂教学的生命力将是活生生的。

"感人心者，莫先乎情，莫始乎言，莫切乎声，莫感乎义。"学生的"知类通达"诚然必须经过自己的努力，但教师的教也是必不可少的条件，而教师教学语言的简约、微妙、精练不仅是言语的锤炼和造诣，而且在作为教与学的中介时，发挥着陶冶涵泳，启发诱导，言传身教的作用。如果没有教师饱含感情的富含哲理的独到的诠释，学生不可能披文以入情，达到人书合一的境界。只有高水准的教学语言才能使学生沉浸其里，陶醉其中，如品香茗，如饮佳酿，不觉时间之消逝，不知铃声之即响，学生的知识、能力、智力、情操、品格就会在教师春风化雨般的语言中潜滋暗长。

第八节　反思课堂氛围

课堂氛围是教学中产生的集体心理气氛，是提高学生学习效率、激发教师教育热情、增强师生沟通联系的重要条件。课堂氛围是在教学过程中产生有反作用与教学效果的一种综合状态，由于当前学校教学是一对多的形式，课堂氛围对教学效果有广泛性、深入性的影响。中学语文教学由于其承载的教学目标与自身专业的特殊性，对课堂氛围有更高的要求。因此，如何创设良好的课堂氛围成为提高语文教学水平的重要课题之一。所以反思初中语文课堂教学有效性的重要内容之一就是要反思课堂氛围是否能有效调动学生学习的积极性，提高教师教学质量和学生学习效率。

一、课堂氛围的内涵与作用

1. 课堂氛围的内涵

课堂氛围实质上是一种教学过程中产生的集体性心理气氛，是集体中某些情感与态度占据优势后形成的一种综合状态。具体来说是师生双方共同具有的情感、知觉、意志及思维等，其影响因素包括教师的教学风格、学生的学习风格及教学场所的客观环境共同组成，环境因素的影响体现在课堂的物质环境与精神环境两方面。

一般情况下，课堂氛围的衡量指标可以依据秩序性、参与度、交流效果三方面进行评价，以此划分为积极、消极、对抗三种氛围类型。积极氛围一般具有严肃认真、宽严相济、张弛有度的特征，学生表现出强烈的求知欲望与活跃的思维。消极的氛围中，学生发言不主动，情绪低落，注意力不集中。而对抗的氛围则表现为混乱的教学秩序与紧张的师生关系。

语文教学课堂氛围是一种情境，是在语文教学课堂上的情调与环境的结合，它受教师教学和学生学习的影响，在教学中发挥着重要作用。语文教学课堂氛围是由教师、学生以及教学课堂的环境共同组成。教师是语文教学课堂氛围的主要引导者，以其智慧与激情营造一个和谐的氛围，调动学生的兴趣。学生是语文教学课堂氛围的主要参与者，在教师的引导下积极参与到课堂中。教学环境是语文教学课堂氛围的主要影响因素，良好的教学环境有益于营造一个良好的课堂教学氛围。它们三者相互关联，相互影响，不可分割。

2. 课堂氛围的作用

良好的课堂氛围是进行教学活动所必需的心理基础，也是激发学生创造性的前置条件之一。良好氛围的作用是双向的，不仅有助于改善学生的心理状态并提高学习效率，同时也能激发教师的教育热情，使双方具备更好的默契，进而推动教学效果的整体提升。消极与对抗性的氛围必然对教学产生不利影响，甚至引起学生破坏课堂纪律，制造混乱。所以课堂氛围以整体性的特点发挥作用，对整个班级的学生产生无差别的积极或消极影响。

课堂教学与学生的发展息息相关。课堂氛围影响着学生对学习的态度，好的教学课堂氛围能调动学生的兴趣，使学生爱好学习，快乐学习；课堂氛围影响着学生对现实的追求，良好的课堂情境能使人心情舒畅，乐观自信，勇于追求和享受生活；课堂氛围影响着学生的个人发展，环境是学生最好的老师，课堂氛围能潜移默化地影响学生对学习和生活的态度，甚至会影响学生的思想与素养，从而影响其未来的发展方向。对初中语文教学课堂氛围研究，通过对比、分析，总结研究的现状，发现现有的课堂弊端，分析其造成问题的主要原因，最后透过现象寻找本质，对建立良好初中语文教学课堂氛围提出好的策略，从而改善现状。因此，探究中学语文教学课堂氛围是重要的，是必要的。

二、不良课堂氛围产生的原因

观察中学语文教学课堂氛围不难发现，许多课堂没有创新，没有活力，没有激情，调动不了学生的积极性，自然也达不到教学效果。追本溯源，课堂气氛不佳主要由以下几个方面造成。

1. 教学内容枯燥

虽然现在提倡教育改革，但应试教育仍然占主导地位，学生学习最终仍是为了考试。考试是衡量学习成绩的唯一标准，而考试内容又局限于教材，如此，为了取得高分，往往是"考什么，学什么"。学生每天机械的接受着考试的内容，麻木地进行着各种强化训练，只顾着考试考高分，又怎么会有学生真正渴望的快乐课堂？教研也是注重成绩的提升而忽视学生的感受。如在古诗词的学习中，学生认为背诵是主要的学习目标，并未深入了解作品的写作背景与时代思想，也就无从培养其情感与观念。

2. 教学模式单一

在实际教学中教师往往以管理者的角色出现，根据教学大纲的计划进行教学，教师大多在主导学习进程，学生则大部分以被管理者的角色顺从于教师的安排。长此以往学生失去主动思考的习惯，创造力得不到提升，课堂氛围逐渐转为消极。教师是课堂氛围的主导者，他决定着教学内容、教学模式，引导着整个课堂的方向。而现在许多语文课堂教学方式单一，"每一种教学方法，从本质上看，都是辩证的"，每一种教学方法都有它的优点与不足。现有课堂中，许多教师还是以讲解为中心，学生总是被动接受着听课，而这种无趣而刻板的教学模式又怎么能引起学生的关注呢？比如教师讲课文的时候，一般都有固定模式：作者简介、写作背景、文章结构、语言特色、中心思想等。如此单一的教学模式，又如何激起学生的探索欲，从而调动学生的积极性？

3. 师生关系不和谐

师生关系不和谐也是影响初中语文教学课堂氛围的主要原因之一。有的学生不喜欢自己老师的教学风格，有的学生不赞同自己老师的处事态度，甚至会不满意老师的教学能力，都会影响课堂效率。有的教师过于威严，在学生面前居高临下，而对学生要求过于严苛，那么学生有的便不是尊重，而是害怕和厌恶，对于他的语文课也会由人及物；有的教师素养匮乏，普通话不标准，讲课逻辑混乱，板书杂乱等，都会让学生疲于听课；还有的教师偏心好成绩学生而漠视差成绩学生，伤害了学生的自尊与自信。当成绩成为评价的唯一标准后，学生与教师的情感交流与生活交流自然性的减少。不和谐的师生关系会使得课堂氛围更加沉闷。

4. 教育技术落后于实际需求

随着近年来语文教学中新思想与新方式的推广，对教育技术的要求也越来越高。传统的授课方式过于单一，尤其是语文教学中，采取的通读、分段朗读、重点讲解等方式始终未离开课本。对中学生来说依托课本展开的教学较为枯燥，难以用积极地态度配合，因此影响了学生在塑造良好课堂氛围中的参与程度。面对语文教学中丰富的内容与形式，当前教育技术的应用明显滞后。如互联网的使用方面，教师在备课阶段仅以搜索引擎补充相关知识的方式略显不足。造成部分中学语文教学技术落后的原因来自学校与教师两方面，学校方面主要体现在资金分配不合理，设施设备不完善，教师方面则主要来自消极的学习态度。因此，需要以合理的方式加强新技术的利用效果，以提升课堂氛围。

三、营造课堂良好学习氛围优化策略

（一）灵活教学方式，调动学生的积极性

教师的教学方式直接影响着课堂氛围和教学效率，但是目前仍有许多课堂教学的教学方式很单一，尤其是在中学阶段，老师都把重心放在了如何提高学生的成绩上，完全忽略了过程。枯燥而乏味的讲授课堂早已不能满足学生的需要。新的教学方式不仅能提高学生学习的积极性，也有助于提高学生学习成绩。在课堂上插入各种课堂活动能激起学生的学习欲。课堂活动包括小组讨论、角色表演、学生讲课等等。课堂上老师不可能照顾到每一位同学，而小组讨论却可以让每一位同学都能畅谈自己的见解，每一个思想都能得到很好地倾听与讨论。还有根据课文内容设置角色表演，让学生扮演课文中的人物，贴近课程人物，增强学生的学习兴趣和学习的主动性。还可以偶尔让学生自己讲课，既锻炼了学生的能力，也能丰富课堂，使课堂多样化。

如一位教师教学《醉翁亭记》，教师将学生根据春夏秋冬及朝暮分为六组，自行绘制所属景色的画面并配文解说。小组可以发挥集体讨论的作用，在学生的相互交流外，也应当加强师生间的交流，主题不必拘泥于课程内容，可以扩展到思想感悟、生活经验等多方面，从而培养师生的感情。教师应当摒弃以成绩论成败的评价方式，从更加全面的角度看待学生的发展。每个学生都有自身的优势与闪光点，应当学习陶行知先生著名的"四块糖故事"，以鼓励的态度完成批评与教育，使学生真切感受到来自教师与学校的人文情怀，从而敢于不断尝试与挑战，在自由的舞台上充分发挥个性与特长。

（二）精选教学内容，吸引学生的兴趣

一般来说，教材内容是学生必须要学习的，可是一味地循规蹈矩，围绕着考试大纲和教材讲课更容易适得其反，使学生疲于学习，疲于课堂。教师可以

准备一些丰富的素材，开阔大家的视野，也可以创设新奇的问题来鼓励学生去自主探索。将课堂内容与生活实际结合起来，在课堂中学习，在课堂中生活。其次，还应该适当把握课堂的进度，了解学生的需求，根据学生状态随时调整，确保课堂的效率。

例如：《祖国啊，我亲爱的祖国》这篇现代诗的学习，有感情地朗读，把握诗歌的意象，分析诗人的情感脉络，品味富有表现力的语言，体会诗人深沉真挚的爱国情感等都可列为本文的学习目标。这些目标如果在一节课内完成，必然会由于内容过多，而导致各个环节的浅尝辄止，学生也会由于疲于应付而丧失学习兴趣。所以教师进行教学设计时，不妨大胆取舍，精炼学习内容。这首现代诗情感高亢、激昂，我们不妨设计成一堂朗读课（大多数学生对诗歌朗读的兴趣还是很高的），通过反复朗读来体会诗歌情感的变化，同时可以通过准确把握节奏的变换，语气语调的变化，来品析富有表现力的语言。全诗四小节，节奏由第一节的低沉舒缓，到第二节的急促悲怆，再到第三节的充满希望，第四节的庄严宣告，通过情感的不断递进，抒发诗人强烈的爱国之情和历史责任感。如果同学们朗读时能准确把握四小节的节奏层次和情感差别，就说明对诗歌的理解已经非常到位了，学习任务也就达成了。

（三）构建和谐的师生关系，创建民主课堂

师生关系直接影响着学生对学科知识的态度，构建和谐的师生关系有助于建立良好的语文教学课堂氛围。因此，教师不应该过于严厉，课上相互尊重，课下相互关怀，创建自由民主的课堂氛围。在课堂上，师生要积极交流互动，多设身处地地站在学生的角度考虑。语文教学应该在师生平等的对话过程中进行，这样才能使学生的潜在能力充分展现，体现学生独特的思维。

一位老师曾这样描述自己如何巧妙化解课堂上的意外，将剑拔弩张的师生对立状态转化为轻松愉悦的学习氛围。

我在讲《陌上桑》一诗时，由于情节生动，诗句朗朗上口，学习氛围很浓，可是当讲到"行者见罗敷，下担抚髭须，少年见罗敷，脱帽著帩头"时，一位同学脱口而出"好色之徒"。全班哄笑，还有学生随声附和，课堂秩序大乱。我本来顺理成章地要引出侧面描写的作用，这下全被打乱了。我有些恼火，准备声色俱厉地"镇压"，但转而一想，以前凡是课堂上略略涉及两性、爱慕之类的字眼、情节，学生往往都有些失常的表现。这个问题不从思想上根本解决，以后课堂上还会出现类似的情况。再说，这也不能简单斥为思想不健康，只是初晓人事的少年对成人世界的好奇，对这种好奇只宜引导不宜斥责。我沉默地注视着大家，片刻全部安静下来。那位说话的同学脸色不安，不敢抬头，我语气平静："刚才这位同学一语切中要害，很有见地。"那位同学吃惊地抬头看着我，其他同学也颇感意外，想不到我会这样说。我接下去讲："从本质上说，好色即爱美。爱美之心人皆有之，谁都喜欢美丽的花，真正有爱心的人会欣赏、怜惜它色泽的艳丽，形状的娇美，而不是把它摘下来加快它的枯萎。行者、少年见到如罗敷这般美貌的女子注目欣赏乃是人之常情，无可厚非，真正用心可鄙的是使君，使君见到美好的事物，就想据为己有。所以，作者这样行文，一是为了侧面突出罗敷的美丽，二是为了将行者等与使君进行对比，突出其蛮横无理。"我讲解的过程，学生脸上嬉笑的神态逐渐隐去，开始专注听讲，学习氛围又恢复到先前的浓厚。我相信他们以后会少一些这样无聊且无知的哄笑了。

（四）鼓励大胆发言，提升学生信心

课堂赞许、肯定能在一定程度上提高学生的自信，使学生主动的参与到课堂中。教师应该尊重每一位学生，充分肯定每一位学生的进步，无论是提出不懂的问题还是讲出对问题不同的见解。赞许学生的勇气，赞许学生的见解，使学生认识到自己的能力，感觉到被重视，在这样的平等氛围中，他们就会更加积极主动地表现自己，探索知识。

教师在课堂上对学生的肯定会对学生产生不可估量的积极影响。教师都知道课堂上提问时，答对者受到鼓励会更加精益求精，答错者受到鼓励会鼓足干劲，奋起直追，而且答错者比答对者更需要肯定、鼓励，这样才能激发他们追上并超越前者的信心和决心。当然鼓励要及时，在学生有所表现后马上肯定其行为中的积极因素；还要准确、有针对性，准确指出学生在哪一点上做得好。否则，便收不到预期的效果。

例如上《我的叔叔于勒》时，一位老师提出思考题："于勒是不是本文的主人公，为什么？"没想到这个并不太难的问题竟让全班同学大费踌躇，有几个同学在低声讨论，老师耐心等待，终于有一个同学起来回答："是，因为本文不但用他做课题，而且他的贫富变化还是本文的叙事线索。"看得出，对他的发言有持反对意见的同学。但反对者只是小声议论并不起来发言。老师索性明确答案："于勒并不是这篇课文的主人公。"立刻有些同学幸灾乐祸地瞅着那位同学，很有些为自己不曾丢脸面而沾沾自喜。那位同学也神色懊恼，似是后悔发言。老师话锋一转，评论道："鲁迅认为第一个吃螃蟹的人是勇敢的，即使他吃得完全不得法。刚才同学虽然回答错了，但我认为他和第一个吃螃蟹的人一样勇敢，因为他敢于回答。错并不可怕，可怕的是根本不去尝试。"很明显，老师的话引起同学们的共鸣，当他再提问题时，举手的人明显增多，大家竞相陈述自己的理由，讨论热烈，大概都想成为敢吃螃蟹而且又吃得得法的人。

心理学家伯利纳通过实践说明，受到鼓励性评价的学生，学习劲头十足，学习成绩不断提高，而缺乏鼓励性评价的学生，学习没有劲头，学习成绩呈下降趋势。所以及时、准确地鼓励性评价，不管用于学困生还是优等生，都会激起他对学习极大的热情和信心，形成良好的学习氛围，从而顺利完成学习任务。因此千万别吝啬和忽略那一句短短的称赞，它也许有着化腐朽为神奇的力量。

（五）利用信息技术，增强积极性

实践证明语文教学中信息技术具有提高学生学习兴趣、增强学生感受、扩建教学信息量等作用。它是改善课堂氛围的有效方式。因此，教师应当更多的利用新技术丰富教学形式与内容。

如在学习课文《苏州园林》时，如果没有实地浏览过江南水乡的景色很难对其中的艺术美感产生共鸣。此时教师可以播放与园林相关的视频资料，以丰富的图片详细地讲解"以窗框景"等江南园林的独特韵味。另外也可以将江南历史文化的纪录片作为课外扩展知识供学生观看，同时布置自主探寻性的写作任务，逐渐培养出学生自主性的学习习惯，从而带动课堂氛围的改善。总之，先进技术的应用应当把握趣味性、探索性的原则，将其与自主学习能力的培养集合起来，不断利用正向引导增强学生的积极性，从而形成良好的课堂氛围。

（六）强化教师素养，提升课堂调节能力

我们虽不主张过分强调教师课堂管理者的身份，但不可否认其在教学中的主导地位。为确保教师在主导教学的过程中能更好地塑造积极氛围，应当提升教师的观念、性格、能力，以开放的思想观念培养民主氛围。

1. 恰到好处的精讲点拨

教学虽然应以学生为主体，但学生往往由于年龄、社会经验的制约及学习内容抽象，常常出现理解能力差兴趣淡薄的情形，从而影响学习任务的完成。所以在教学中遇到这种情形时，切不可忽略教师恰到好处的精讲点拨。

在阿尔卑斯山的公路上，遇着美好的风景时，路边就有标牌上写着："慢走，请注意欣赏。"课堂上教师的精讲点拨就如同那路牌一样，起到拨云见日，画龙点睛的作用。这样学生就能在繁复庞杂的知识点中迅速抓住要点，渐入佳境。

例如教学剧本《枣儿》，关于"枣儿"的象征意义有三层内涵：是亲情的象征，是故乡的象征，也是传统生活的象征和精神家园的象征。前两者学生很容易理解，但"枣儿"为什么象征传统生活和精神家园，却是个难点。这个时候就需要教师的点拨了。老师先问了一个问题：文章中有两个反复被提到却未出场的人物是谁？学生答：老人的儿子和男孩的父亲。再问：这两个人物反映了怎样的社会现实？学生答：农村青壮年进城务工，留下老人和儿童。教师：老人的儿子，不再像老一辈那样，终身不离乡土，而是远离故乡和亲人，闯荡于外面的世界；男孩的父亲，离开乡村而定居于城里，抛弃了旧家而另成新家。这两个人物反映我国由传统社会向现代社会转型过程中人们生存状态的变化。"枣儿"的故事既表现了现代化进程中传统的失落、精神家园的失落，以及人们对传统的固守、对精神家园的追寻，也企盼和呼唤人们认识和适应时代发展带来的变化，走出家园、走出封闭、走出传统，而迈进现代社会的新生活。

由于中学生人生阅历的限制，往往不能很快地理解有些作品的内涵。此时，教师可以通过自身的理解为学生建立其直观的感性认知。

2. 问题推进，引发思考

语文课程需要培养学生的认知、观念、心理，因此课堂氛围中应当具备开放包容的姿态。所以教师需要不断调整观念，放下指挥命令、包办一切的心态，采取民主的方式给予学生更多的自主性，例如可用环环相扣的问题，推进对课文内容的思考，营造一种探究的学习氛围，以达到全面塑造学生品质与能力的目标。

《愚公移山》的学习中有一个目标，是体会京城氏之子帮助移山这个细节描写的作用。这是一个透过现象看本质的问题，可是学生往往只注重现象而看不到蕴藏在现象背后的本质。为帮助学生看透表象，一位老师设计了这么几个问题，一问："京城氏之子人小力弱，就算尽全力而为，也帮不了多少忙，为什么要写他？"学生往往回答出其中一点，"京城氏之子一定是在母亲的同意下去移山的，连一个寡妇都愿意让幼小的独子去帮助移山，说明移山的行为得到广大人民的支持。"老师肯定了这一点，再问："课文中又为什么强调京城氏之子始龀（刚换牙）？"学生回答："交代他年纪小。"三问："那么京城氏之子的幼小和下文愚公所言的'子子孙孙无穷匮也'是否互相照应？"一些同学马上明白了，"说明愚公的事业后继有人。"四问："从神话的角度再看这个细节，还有什么更高层面的用意？""这个细节再次印证了古代先民征服自然，改造自然的美好愿望，这也是神话的意义所在。"问题连环推进，有利于抽丝剥茧地理解文本深层内涵。

3. 亲身示范，有效引领

语文既然是培养学生听说读写的能力，那么教师这方面的能力要让学生信服，由信服而佩服，进而去仿效，去学习，从而形成良好的学习氛围，反之，如果学生不佩服教师甚至心存轻视，学习氛围就会荡然无存。教学中教师高水平的示范是赢得这种佩服的有效途径，不可或缺。

《科学探险的壮举》是一篇课外阅读篇目，重点是训练学生的听记能力。一位老师讲了速记规则之后，发现同学们由于缺乏实践，不知从何处下手。于是，老师在黑板上亲自示范。先指定一名学生随意挑选一段文章，以中速念出，老师边听边在黑板上记录要点，然后给同学们复述大意，复述语句基本与原文吻合，这使同学们极为佩服，接着老师又将记录要点与速记规则比照着加以说明。同学们兴趣大增，都跃跃欲试，想一显身手。"亲其师，信其道"这是教学中颠扑不破的真理。

4. 激趣导入，打好开端

"良好的开始是成功的一半"。在一堂课中，导课是极为重要的一环。导课自然、有趣、别开生面，可以先声夺人，迅速将学生的注意力吸引到课堂上来，教师也可以在极短的时间内，完成组织教学的过程。导课的方式多种多样，可以根据该课的学习目标导入，也可以利用已学过的旧知识导入；可以联系现实导入，也可以由作者导入；还可以由课文涉及的人和事导入等等，并无一定之规，完全视具体情况而定。

例如《得道多助失道寡助》一文的学习目标之一是理解孟子"行仁政"统一天下这一政治主张。学生对文言文的学习兴趣本就淡薄，加上文章内容抽象，所以文章蕴含的道理是学生理解上的难点。为了引起学生的兴趣，同时也帮助学生理解课文，结合那几天全校各班都为迎国庆而积极备战歌咏比赛的现状，一位老师这样导课："这几天大家都在认真练歌，因为国庆节快要到了。"许多学生露出惊奇的神色，不明白老师何以说出这与课文内容无关的话，在学生静待下文的目光里，老师饱含深情地接下去叙述，"这是共和国的70岁生日，回想70年前，以步枪装备为主的130万解放军打败武器装备精良的国民党军队430万之众，使国民党退出大陆困居台湾，为什么会产生这样的结果？请大家分小组讨论后发言，最后一个小组总结。"这个问题不难回答，主要是为了调动学生的参与热情。学生找了很多原因，有说"国民党腐败"，有说"共产党人不怕死"，有说"解放军爱人民"等等，最后发言的小组对前面的发言做总结归纳："关键原因在于共产党得到人民的支持，国民党失去人民的支持，也就是我们常说的得民心者得天下，失民心者失天下。"老师因势利导："这个道理2000多年前的孟子在《得道多助失道寡助》一文中已经作了精辟通彻的论述。今天，我们就来学习这篇文章，看看孟子是如何层层深入地阐明这一道理的。"同学们都显出极大的兴趣，激情饱满地投入此文的学习中，于是这节课的效果分外的好。

5. 语言幽默，感染学生

开朗的性格是教学过程生动活泼的前提，乐观的教师可以通过自身风趣幽默的语言、丰富到位的表情、充满朝气的姿态影响教学氛围，使学生在学习过程中受到感染。

例如一位老师教学苏轼的《水调歌头明月几时有》这首词时，正好是下午第二节课，学生刚上完体育课，疲乏慵懒，昏昏欲睡。为了调动课堂气氛，在对作者的介绍中，老师临时加入了作者的轶事介绍。一上课，老师就提出问题："谁看过汤姆汉克斯主演的《阿甘正传》？"同学们顿感好奇，精神为之一振，有几只手举了起来。"谁能告诉我在越南战场上，布中尉是如何调侃那个捕虾出身的黑人士兵的长脸的？"一个学生回答："小心别让下巴触到地雷。"全班同学哈哈大笑，教师微笑着加以引导："这是西方人的幽默，而我们东方人说话要含蓄得多，但幽默的程度丝毫不亚于西方。据记载，宋代的大文学家苏轼是个长脸，他的妹妹曾写诗调侃她："'去年一滴相思泪，今日方流到嘴边。'"学生经过几秒钟的静思之后，爆发出一阵大笑，年轻稚气的脸上都流露出对中国古典文学高超的语言技巧由衷的折服之态。疲沓不见了，大家都兴致勃勃地学习起这位长脸文豪的传世名作来。

教学课堂氛围虽然只是教学的一个外部环境，但却是教学效果的直接影响因素，深深影响着学生的学习和生活。那么，如何营造良好的课堂学习氛围，激发学生求知的欲望，完成学习目标呢？答案永远不是也不可能是唯一的，一定要因时、因地、因情、因景、因课文内容而定，而不可一板三眼，一概定论。虽然文无定法，教无定法，但是任何方法都要把握一个核心目的，那就是要能调动学生的积极性，增强学生对语文的学习探索兴趣。苏霍姆林斯基曾说过："感情如同肥沃的土地，知识和种子就播在这块土地上。"对语文有了学习的兴趣，对语文有了情感，再加上轻松愉快、自由和谐的语文教学课堂氛围，这情与境的结合，必然能使语文课堂充满活力。

第四章 反思教学效果

4

教学永远是遗憾的艺术。任何一堂课，当你课后反思的时候，总会觉得有一些不足和遗憾。初中语文课堂教学效率的高低，直接关系到语文教学质量的高低。无论教学思想如何更新，教学内容如何变化，教学方式如何改进，其最终目的都必须指向教学的有效性。上完一节语文课，教学效果怎么样？语文教师只有不断反思自己的教学行为，持续地自我追问："我的教学有效吗？""这节课到底有没有达到预期效果？""学生的学习任务完成怎么样？""学生在这节课收获了什么？""教师是否富有教学智慧？""教学节奏如何？""有没有比这更有效的教学？"等等，才能在不断寻求答案中改进教学设计，完善教学过程，提升教学效果。

教学效果顾名思义是教学取得的效果。一节语文课结束，反思该节课教学效果的角度有很多。但是再多的问题始终都应围绕两个层面展开。一是学生层面，看看学生的主体地位是否真正得到体现落实；二是教师层面，品品教师的主导作用是否发挥得恰当有效。

第一节　学生层面的反思

课堂教学发挥学生的主体作用，就是以生为本，培养学生的自学能力，调动学生自主学习的积极性，更好地参与到学习活动中。

一、发挥学生主体作用的切入点

1. 创设自学氛围，教给学生自学方法

在学生自学前，教师应教给自学的程序与方法，一篇新课文可以采用一读（将课文读通读顺，了解课文脉络，知道课文主要讲了些什么），二思（看一看预习提示，读一读课后思考题，明确新课要学什么），三写（即认真读课文，深入思考，在文中圈圈画画，记下疑难，写下感受），四用（即使用工具书，迁移旧知识，初步解决一些自己能解决的问题）的方法，使学生自学时有法可循，明白如何入手，懂得先做什么，再做什么，最后做什么。由教到学有个过程，这个过程是不可缺少的，老师要充分发挥引导和示范作用，但不要扮演包办代替的角色。

2. 激发自主学习的动机，让学生乐学

动机是内驱力，自主学习需要一种内在激励的力量。如果学生对自己从事的探索活动具有强烈的欲望和追求，这种内驱力就能把学生内部的精神充分调动起来，从而有效持久地投入探索活动。有效教学就是要利用学生好奇心强烈的特点，通过创设情境，让学生置身于一种探索问题的情境中，产生对新知识的需要和渴求，并在兴趣的激励下形成探索动机。

3. 营造民主氛围，让学生愿学

教师要转变角色，努力营造出和谐、平等、民主的教学氛围，通过生说生评，生说师评、师说生评等形式，让学生自己获得问题的解决，使学生走向成

功，体验到成就感；可以适当组织学习竞赛，或者开展合作学习，激发学生自主学习的动机，使学生愿学、乐学。

4. 引导学生质疑、调查、探究

传统教学虽然也强调师生间的交流，但都是在教师控制下的"一问一答"，依靠学生查找资料，集体讨论为主的学习活动很少，教师布置作业也多是书面习题与阅读教科书，而很少布置如读课外书、社会调查等作业，学生很少有根据自己的理解发表看法的机会，这种教学方式使学生感到枯燥、乏味，压制了学生自主学习的发展。时代的发展和教育改革的不断深入，要求我们在教学过程中应注重培养学生的独立性和主动性，引导学生质疑、调查、探究，在实践中学习，促进学生在教师的指导下主动地、富有个性地学习。

5. 培养自主精神

学习者不会思考，不掌握学习的方法，单靠死记硬背来获得知识，必然失去求知的兴趣。因此，教师教学过程中"引"要得当，"放"要得法，给足时间和空间，鼓励学生"人自为学"。尽量多地为学生创造实践的机会，能让学生说的，老师不说；能让学生想的，教师决不禁锢学生思维；能让学生动手操作的，老师绝不越俎代庖。放的最终目的是要让学生敢问、善问，敢于发表自己的见解，敢于辩驳别人，发表相反意见。在课堂互动中交换思考所得，从而不断修正自己的答案，真正体验探究的乐趣。这样，才能充分培养学生的自主学习精神。

二、从学生层面反思课堂教学行为

当教师真正理解了学生主体性的内涵后，再来反思我们的语文教学，追问教师的课堂教学行为是否将这个理念真正落到实处。笔者作为一名从教多年的语文教师，在一堂课结束后常常问自己这些问题。

一问：课堂上你是否真的关注学生了？

我们在备课时，都明显地表达了全面关注学生的愿望，从各个可能的环节来渗透过程和方法，情感态度和价值观方面的发展规律。但在课后反思时，却总是发现，在教学过程中仍然不自觉地把关注的焦点放在自己身上，这就导致了我们在课堂上遇到了意料以外的情况时的紧张和压力。比如：在教学《行道树》一文时，对于一句主旨句"神圣的事业总是痛苦的，但是，也惟有这种痛苦能把深沉给予我们"中"深沉"的理解，学生中出现了分歧，讨论、争辩也非常热烈，他们甚至提出了很多问题。那时，我的第一反应就是：呀，他们会不会回答得如我所愿？万一不是，那该怎么办？这么一想，似乎心里就没有底了，在下面的教学中就明显地感到了手忙脚乱的味道。在上另一个班时，我同样遇到了这个问题，这一次，我心里想的是：学生在做什么？他们的学习进行得怎么样了？他们需要什么？这么一想，我就自觉地把关注的焦点放在学生身上，深入到各小组的讨论，了解他们的认知情况，从而自如地解决了这个教学难点。

所以，关注学生的思维方式、学习过程，发现其中的闪光点，就成为教师必备的能力追求目标。我常常反思一个问题：对于新课程理念，我们都能够接受，但真正落实到课堂，甚至很多的细节问题上，仍然难以褪去"单方面教"的痕迹，学生的需要还没有真正地被注意和重视。我们在上课的时候，是不是要多想想，学生都在干什么？他们到底需要什么？我该怎么教？更多地把关注点真正地放在学生身上。

一花独放不是春，万紫千红才是春，教学更该如此。教师在课堂上要让每一个学生感到被关注，千万别只是关注优等生。知名教育家冯恩洪教授讲过这样一个优秀教学范例：有一次，作为校长，他随机进教室听课，结果是一节数学练习课。我们知道练习课往往很难出彩，所以大家做展示课时，一般不选这种课型。但这节没有事先安排的练习课，给他留下了深刻的印象。课堂上教师让后进生在黑板上演示，中等生修改，优等生提供不同的解题思路。一堂课关照了所有学生，活生生地展示了分层教学的精髓，将学生的主体性发挥得淋漓尽致。不仅如此，教师还形象解读了因材施教的差异教学法：量体裁衣，因势顺导，要教约翰数学，不仅要了解数学和约翰，还必须了解如何帮约翰用他自己的方式学数学。教学艺术运用得这般出神入化，堪称大师了。春风化雨，润物无声，当这些教学理念自然而然地融入课堂时，高效的课堂就诞生了。

二问：你组织的小组合作学习是否真的有效？

作为新课程倡导的三大学习方式之一，小组合作学习在形式上成为有别于传统教学的一个最明显的特征，它有力地挑战了教师"一言堂"的专制，同时，也首次给了学生在课堂上自主合作的机会，目的是培训学生团体合作和竞争的意识，发展交往与审美的能力。

合作探究是课堂教学很好的学习方式，切磋琢磨，相互启发，可全班讨论，可小组讨论，可学生之间讨论，也可师生之间讨论。在许多课堂上，我们都可以看到小组讨论式的合作学习，这说明我们老师已经在有意识地把这种形式引入课堂。然而，在实际操作中也存在几种耗时低效的讨论现象：一是讨论内容不合理，对没有必要讨论的内容讨论，浪费了课堂宝贵的时间；二是讨论时间不足，没有给学生充分的思考余地；三是讨论没有扣紧目的要求，成了"放羊"，听之任之，老师不作为，名为讨论，实为闲扯；四是由于小组内没有明确分工，没有具体要求，使得一些学生等、靠，自己不动脑，参与度不高。

于漪说："讨论追求的境界，应是学生求知欲高涨，心灵得到解放，主动性、创造性被激发，同学对话、师生对话中观点碰撞，对文本的理解、领悟往纵深发展。语言表达做到有序，有物，有理，有情，启发心智，令人信服。"如果合作探究讨论沦为形式，只是追求表面的热闹，而不考虑学生的实际活动效果，那对课堂教学有效性的影响将是致命的，因为学生才是学习的主体，他们在活动中"习得"多少，才是评价课堂有效性的最终参数。

为了提高小组合作的实效性，教师在组织讨论时，一定要估量小组的组合是否合理，问题是否有讨论的价值，尤其是要尊重小组成员的个性和独立思考。小组合作学习中常存在这样的现象，小组中的优等生总是最有发言权的，不仅自己的观点在小组内得到认同，而且还能代表小组发言，至于其他尤其是学习有困难的学生只不过是南郭先生搭便车而已。所以小组讨论的形式极容易掩饰个体之间的差异，甚至会剥夺部分学生的独立思考、质疑、发言的权利。所以一堂课内，合作学习什么内容，在什么时间段内安排合作讨论，小组长、中心发言人、记录员、汇报人都分别是谁，这些事情教师课前都要做到心中有数，并安排到位，合作活动才能真正收到实效。

关于小组合作的形式，我们是否也可以做一些变通？比如：我们是否可以让学生自主选择合作伙伴？或者暂时选择不合作，先思考，把想法写下来，再分别说出自己的想法，其他人倾听，然后讨论，形成集体的意见，这样是不是就能更好地尊重学生尊重个性？

小组合作探究学习的模式是值得肯定的，关键是怎样让这种学习模式真正发挥作用，营造出和谐、平等、民主的学习氛围，让每一位同学都能积极参与其中，有所收获。

三问：你的课堂上，学生是否有足够的读书、思考、表达的时间？

阅读、思考、表达是语文学习的核心，阅读是基础，无论是朗读、默读、速读、跳读都需要给学生足够的"读"的时间。但是，许多语文课堂恰恰相反，将"读"的时间一再压缩，甚至古诗文的学习，我们都听不到琅琅的读书声。一篇《蒲柳人家》默读时间不足十分钟，一篇《故乡》自读课文的时间不足五分钟，学生尚未读完课文，就急着让学生感知、品析、鉴赏。试问，如此短的时间，学生能做到深入思考，披文入情，流畅表达吗？所以，当我们强调发挥学生的主体作用时，那就应让学生在课堂上充分地参与学习，主动学习，把学习的权利还给学生，把学习的时间还给学生，特别是课堂时间。

在教学中教师是主导，学生是主体；教师是外因，学生是内因，外因要通过内因而起作用；教学要进行双边活动，课堂气氛要活起来，这样才能充分发挥学生的主体作用，向四十分钟要质量等等。可是一落到实处，我们难免常常感到有点力不从心。好在大家也都认识到课堂上给足学生时间的重要性：给学生一些时间去思考，好像是耽误了讲课的时间，其实这样正好能调动他们学习的积极性，发挥他们的创造性。可以让他们更充分地参与课堂，会把知识学活、学扎实、融会贯通。这个过程也是培养学生口头表达能力的过程，而这种口头表达的过程也正反映了他们整个思维的过程。也充分发挥了学生的主体作用，有利于教学质量的提高。反之，课堂上老师讲得有滋有味，自我陶醉，而学生却一头雾水，这就可谓'对牛弹琴'。这样，教学效果会大打折扣。只要给学生充分思考的时间，然后给他们时间说出思考的结果，即使有时答案不全面，甚至错误，那么经过老师的点评、分析，学生就会在纠正错误中提高认识，学到知识，提高了能力，印象也更深刻，记忆会更久远，自然可以达到事半功倍的效果。

学语文更多的是靠感悟，"悟"到的东西不是老师讲出来的，而是通过学生自己思考、感受出来的。这谁也不能代替，反之则适得其反，欲速则不达。笔者曾观摩过一个实验班，教室四周挂上黑板，学生预习后将自己难以处理的问题展现在黑板上，课堂上集体解决。课堂看似没什么新奇，但他们的教学模式是"先学后讲，当堂训练"。老师把大量的时间让学生自己去悟，真正调动起了学生学习的积极性、主动性。这样就能留给学生充分的时间和文本直接对话，让他们自己去读书、自己去思考、自己去体会。老师适时地加以引导，既提高了学生的能力和信心，也提高了教学质量。

我们语文教师都有这样的顾虑，语文课文篇幅长，而课堂上时间却有限，怕学生一读就完成不了教学任务。但古语说得好，"读书百遍，其义自见"。所以，语文教学更应舍得把时间让给学生多读。因为读书的过程就是思考的过程，只有读得充分，才能想得周到，悟得透彻。作为语文教师，就更应相信学生，给时间让他们去读，去思考，再加引导，这样学生的信心和能力会更强。学生会由"要我学"转变为"我要学""我会学"而且"能学好"，学生的主动性和积极性自然就大大提高了。著名教育家魏书生的"六部教学法"中，至少整个课堂时间的三分之二都给了学生，且教学效果良好。有人比喻得好，课堂上，老师就好比牧羊人，他要把羊群赶到牧场上去，而"啃草、消化"的过程是任何人无法替代的。所以老师的引导作用至关重要，引领学生去寻找肥美的"草原"，让学生积极主动地去"啃""消化并吸收"。舍得把时间让给学生去多读，用心多读方能见成效。

所以，教师应将课堂时间还给学生，大胆放手，让他们去悟，去收获，并给以精心指导，培养学生独立阅读能力、独立思考能力、感悟创新能力。这是新的语文课程标准的要求，也是时代的要求。学生的潜力是无穷的，只要给他们充分适宜的条件，他们就定能发挥得更佳，表现得更好，学得更积极、快乐，定能创造出更多的奇迹。

四问：你的课堂上，学生的创新思维是否得到培养？

"创新是民族的灵魂，是一个国家、民族发展的基础。"作为一名语文教师，在多年的教学实践中，在新课程理念的深入学习中，我清楚地认识到培养创新能力必须以培养多元思维为基础。那就是要在求同思维的基础上，进一步发展学生的求异思维，鼓励他们标新立异。标新立异并不是特立独行、乱出风头的怪异行径，而是一种不落窠臼的创新思维。

其实人人都具有创新的潜质，只是这种思维的火花在随波逐流的人云亦云中，囿于陈规的庸碌中，渐渐泯灭并消失殆尽。究其本源大都是因为缺乏自信，缺乏打破陈规标新立异的勇气。对于思维活跃的学生，这更是阻碍他们创新能力发展的致命杀手。所以培养学生的多元思维、创新思维必须先帮助学生树立自信，鼓起他们大胆说出心中所思所想的勇气，帮他们打破封闭心灵的条条框框，彻底解除他们思想的束缚。为学生的思维开扇窗，让才华释放出来。

1. 鼓励学生敢于力排众议，独抒己见

畅所欲言、各抒己见，让学生在激烈的争辩中，思想的碰撞中凸现真知灼见，这是每一个教师都在追求的良好积极的课堂状态，也是培养学生创新能力的前提。但是课堂上常常见到这样的情形：当大部分学生赞成某一貌似正确的错误观点时，在从众心理的左右下，那心存异议的少数同学大都会自动放弃自己也许是正确的观点，违心成为错误观点的支持者。不自信、没勇气使他们选择了封闭心灵、三缄其口。面对此种情形，教师要善于引导、鼓励学生相信自己，敢于大胆发言。因为真理不总是掌握在大多数人手里，盲从随大溜是惰性自卑的表现。只要你有根有据，你也可以如诸葛亮般的舌战群儒，扭转乾坤，感受一下"指点江山，激扬文字"，"谈笑间樯橹灰飞烟灭"的豪情。即便你说错了，你也锻炼了自己，因为成功往往出现在千百次失败之后。

例如：分析《马》这篇课文的结构时，一同学发言说：该课文分为两部分，前一部分写人工驯养的马，后一部分写自然野生的马。这一答案得到许多同学赞成。"还有没有其他意见？"我扫视课堂。我注意到几个学生脸上心有不甘、欲语还休的表情，在我期待鼓励的目光下，终于有一个同学鼓足勇气站起来说："最后一段写的是马与其他动物外貌上的不同，家马和野马的外形是一样的，所以最后一段不应划归野马部分，而应该单独划为一层。"此语颇具说服力，赞成前一种意见的同学纷纷倒戈，一致同意分三层。几乎所有同学都用钦佩的目光瞅着这位同学，那位同学更是乐不可支。我也趁势热情洋溢地赞扬了该同学的勇气。一时之间全班涌动着一种摩拳擦掌、跃跃欲试的气氛，课堂发言异常活跃。

《语文课程标准》要求注重培养学生的独立性和主动性，培养学生质疑、探究的精神，所以我们的语文教学应倡导学生在教师的指导下主动地、富有个性地学习。"带着知识走向学生"，不过是"授人以鱼"；"带着学生走向知识"，才是"授人以渔"。教师是学生成长的引导者，是学生发展的领路人，而学生本人才是学习的主人、发展的主体。学生的头脑不是一个被填满的容器，而是须被点燃的火把，教师的责任就是点燃火把，让它燃烧。

2. 鼓励学生敢于在知识领域挑战教师的权威

尊师重道是我们的优良传统。于是，教师在知识方面的权威便如神话般难以打破。所以长期以来，学生的思想总是束缚在老师的见解之下，难有创新。从事新课改的教师必须打破学生在知识领域盲目笃信教师的态势，让学生明白：教师之所以能"传道、授业、解惑"，不是比学生更优秀，只是比学生早几年学习了这些知识而已。因此我们要鼓励学生青出于蓝而胜于蓝，长大后不要成为我们而要超过我们。

案例：有一次，在两分钟课前预备时，一学生声情并茂地朗诵了杜甫的《春夜喜雨》。在肯定了他的朗诵之后，我很明确地指出："晓看红湿处，花chóng锦官城。"而不是"花zhòng锦官城。"并且讲解道："经过一夜春雨的滋润，只见到处万紫千红，繁花一丛一簇的竞相争妍，将整个城市装点得如锦似缎，灿若云霞。"看到同学们频频点头，我感慨而自豪：当年我的老师就是这样给我讲解的，而今我又将它教给我的学生们。那个学生若有所思地坐下，在片刻的犹豫后又坚决地站起来固执地争辩："老师，我觉得你说得固然有道理，但读zhòng也能讲通。因为经过一夜的风吹雨打，花茎会弯曲，再加上花朵上的雨珠未干，花儿肯定会重甸甸地将头垂下来。诗歌是对真实生活的提炼，所以应读zhòng。"一石激起千层浪，许多同学马上回应："对呀，下完雨的早晨，花朵多半是低垂的，像是被水珠压弯了腰。"这种情景我也见过。我必须承认他讲得很有道理。于是我这样做——认可他的观点，并且还大大表扬了他肯动脑筋、识见不凡。因无法向杜夫子求证他作此句诗时的出发点，所以我们师生约定各自查找资料，探究正确答案。

当学生打破了教师的权威，教师不必担心坦认不足会颜面扫地，相反你诚实的人格会赢得他们的尊敬，永远被他们铭记。"教学相长"，面对这样的学生，你肯定会积极地提升你的业务素质。

3. 鼓励学生敢于挑战教科书的权威

教科书是传承文化的载体。能够被收录进教材的文章都是一些文质兼美的佳作，而且多半出自名家之手，无论是文品还是人品都是我们享用不尽的精神盛筵。但任何一部书或一篇文章都融进了作者的主观意识，反映了他的世界观、人生观、价值观，无不打上了阶级抑或是时代的烙印。所以这些观念未必就是放之四海而皆准的真理，学习时必须注意弃其糟粕吸其精华。早在两千多年前孟子就说过："尽信书则不如无书。"现代的吴晗也提出读书要经过质疑、思考、辨伪三步。所以教师在阐释文章主题，帮助学生理解领悟时，尽可以告诉学生，这只是作者的一家言，我们完全可以有不同的、更好的、更新的见解。

课例：冯骥才的《珍珠鸟》是一篇十分精粹的散文。作者用细腻婉约的文笔描绘了人鸟相依相亲、和谐共处的美好境界。当学生分析课文得出动物对人的"信赖"，是在人尊重动物的生存空间、生活习性的基础上产生的结论时，教师趁势引导："让猛虎啸傲山林，让鱼儿畅游海洋，这就是对动物的尊重。现在我们回过头再思考：作者是不是真正做到了尊重动物呢？如果换了你，你还会怎么做？"学生豁然开朗，"作者所做得还不是真正的、完全的、彻底的尊重，他只是用吊兰为鸟儿营造了一个仿自然的环境，但还不是真正的大自然。""换了我，我会将鸟儿放飞，让它回到真正的大自然中。"教师微笑做结："在对待动物的方式上，作者的所作所为已是难能可贵，而我们同学的境界还要更胜一筹。"瞬间，兴奋、成就、满足、陶醉写满一张张稚气的脸庞。

"江山代有才人出，各领风骚数百年。"作为教师必须让学生明白：只有在批判中继承，人类才能获得更大的发展。

一只蛰伏在蚕茧中的不起眼的蛹，一旦完成蜕变，便会破茧成蝶，翩跹于蓝天白云之下。同样，学生的成长也是心灵蜕变的过程，是思想形成的过程。教师唯有给他们信心和勇气，才能助其打破心灵的桎梏。只有思想获得解放，我们才有可能看到多元思维、创新思维的异彩纷呈。我坚信只要方法得当，每个学生都有可能成为一只美丽的蝴蝶。

五问：在你的课堂上，学生的认知境界是否有所提升？

"传道、授业、解惑"是教师的职责所在。其中语文中的"解惑"决不能停留在浅层面的讲解答案，而是应该引导学生透过现象看本质，提升认知境界，使思想变得深刻。

比如说依据学生的现有水平，必然对有些作品的深刻内涵理解不到位，教师有责任用自己的讲解，提高学生的认知水平。

例如，《我的叔叔于勒》学生通过分析主人公菲利普利浦夫妇的人物形象，揭露他们丑陋的灵魂，批判唯利是图的金钱关系。教师还要帮学生认识：莫泊桑笔下在金钱至上的社会中，他们有人性的弱点，爱慕虚荣，渴望富贵。但更多的是小人物的辛酸，于勒的败家、女儿的婚事受阻、菲利普利浦夫妇的无奈，对舒适生活的渴望等；还有暗夜里的希望，小说结尾处"这是我的叔叔，父亲的弟弟，我的亲叔叔"，约瑟夫的善良纯真，未被污染的心灵；《项链》中马蒂尔德勇敢承担了虚荣之后的恶果，努力工作，还清债务，问心无愧等等。

再如，在教授《石壕吏》一诗时，分析完全诗后，教师提出了这样的问题做结全诗：诗人"暮投石壕村"，目睹了"有吏夜捉人"的全过程，亲耳听到了老妇的诉苦，可是他一言不发；到第二天"独与老翁别"以后，也未发一句感慨议论。全诗几乎是纯客观地记叙了一夜的见闻。诗人何以如此沉默？结合你所了解的杜甫谈谈自己的看法。

学生的回答大都是说，作为过路人，诗人不能、不愿、不敢得罪奉命而来的官吏，但又深深同情老妇一家的不幸遭遇，所以沉默。这个答案失于肤浅，我必须让他们有更深刻的认知。我讲解道：忠君之心和爱民之情让诗人陷入两难，当二者难以兼顾的时候，诗人的内心是极其痛苦的，无计可施，于是他就在这巨大的痛苦中无可奈何地沉默了。的确，如果杜甫是一个完全"惟上"的俗吏，那么事情就很简单，他可以向这一家人讲大道理，动员他们要爱国，要以大局为重；如果杜甫是一个一般的所谓人道主义者，他可以不管国家大事，一味高唱同情民间疾苦、为民请命的高调。然而杜甫既非居于庙堂，也非江湖处士，而是一个小官，他已被赶出朝廷，新的职务是华州司功参军，他的伟大之处在于，君与民这两头他都要顾及，当无法也不能抉择时，唯有沉默。当一个人的痛苦与国家民族的苦难融为一体时，情感就变得深沉了。

看到同学们认同的目光，教师又趁势点拨，将同学们对杜甫的解读引向更高的境界。教师在黑板上写下郭沫若先生对杜甫的赞语："世上疮痍，诗中圣哲；民间疾苦，笔底波澜。"然后深情讲解："何谓圣哲？我想就是像杜甫这样'忧以天下，乐以天下'。他一生颠沛流离，但始终抱有积极的入世热情，忠君爱国。自身身处困境之中，'艰难苦恨繁霜鬓，潦倒新停浊酒杯''床头屋漏无干处，雨脚如麻未断绝'，不仅不抱怨，反而能心怀天下，关心广大的和自己一样的人，'安得广厦千万间，大庇天下寒士俱欢颜'。李白与杜甫是唐诗的两座丰碑。豪放飘逸的李白诗歌，其最动人之处在于他不管遇到什么样的崎岖坎坷，都始终保持着高昂的进取热情和搏击困难的信心；沉郁顿挫的杜甫诗歌，其最感人之处则在于他置身乱世，不管遇到什么样的灾难不幸，都始终忧思'世上疮痍''民间疾苦'。儒家'达则兼济天下，穷则独善其身'的处世信条，在一生落魄潦倒的杜甫那里，被演绎、升华为'穷亦兼济天下，决不独善其身'。这种忧国忧民、同情悲悯的博大兼济情怀，就是对'圣哲'二字的最好诠释，更是我辈学子效仿的楷模。"

如此长篇大论，非但没让同学们厌烦，反而在课堂上激起了强烈的共鸣。我想，同学们对杜甫的认知，今后绝不仅仅是记住了杜甫被称为"诗圣"这一干巴巴的文学常识。

第二节　教师层面的反思

　　教师的主导作用，就是指教师在教学过程中通常处于支配地位并在很大程度上影响教学质量所起的作用。因为教师是知识、理论、技能的传授者和智能开发者，拥有必要的知识、经验。教师既了解培养目标，又能控制教学的进程，在一定范围内对教学内容的取舍，采取何种教学方式、方法等方面处于支配的地位。

　　苏联心理学家维果茨基的研究表明：教师所组织的教学能对儿童发展起到主导作用和促进作用。儿童的发展有两种水平：一种是独立学习能够达到的水平；另外一种是在成人的帮助下，在集体活动中，通过模仿等手段达到的水平。维果茨基把这两种水平之间的距离叫作"最近发展区"。这一理论表明，如果课堂上没有能够发挥教师的主导作用，教师没有参与学生与知识之间的对话，那么无论是个体学生与知识的对话，还是学生群体之间的对话，都有可能停留于肤浅的层次，而达不到理想的效果。

一、课堂上发挥教师主导作用的具体要求

1. 教师要转变自己的角色

　　要明白教师是课堂教学的组织者，学生学习的帮助者，教学知识的引领者。坚决不能一言堂，或者把大部分时间都放在教师的讲上。要根据教学的实际和学生的课堂表现来指导学生的教学。学生学会的不用教，学生在教师的帮助下，能够自行解决的教师要扶一下。学生确实不能解决的问题，教师要进行讲解，坚决不能完全放手给学生。先学后教，当堂训练，虽然具有一定的科学性，但是在实施起来，有些教师放得太过，基本上都放手给学生，这样造成了学生学习的肤浅。

2. 教师引导的方向一定要明确

教师备课要充分，对教学的重点难点要把握准确。上课时要明确哪些知识要进行重点的指导，特别在预设的过程中要考虑到学生生成的一些问题，进行有针对性的指导。教师的主导地位就应该体现在其对学生思维方式的引导，引导学生找到解读文章的钥匙，开启感悟文章的门，走进作者的心灵世界，深入剖析文本。教师的指导在于帮助学生达到学习的深度和高度，让学生有全局意识，让学生学会思考，到学生欲罢不能之时然后点拨，让学生能有醍醐灌顶之感。

3. 教师的指导要全面

教师的指导除了对教学知识进行指导外，还要对学习方法进行指导，要教会学生如何进行学习，如何自主学习，合作学习，探究性学习。除了对优秀学生进行指导外，还要对学困生进行有效的指导。对优秀学生的指导在于发展和提高；对于学困生的指导在于引导和帮助，帮助他们建立学习的信心，帮助他们构建有效的知识的体系，完成应该掌握的知识。教师一定要牢记一点，就是只要课堂上学困生学会了，其他的学生自然就会了。

教学是否有效，关键在课堂教学的基点是基于教学的学习，还是基于学习的教学。一切为了学生，教学的终极目标就是要让学生达到一个应该达到的水平层次。所以学生的学是主要的，教师的教也是为了学生的学。教师应该从学生如何"学"的角度，而不是单纯从如何"教"的角度来思考问题，来反思教学效果。

二、从教师层面反思课堂教学行为

叶圣陶先生说：教育是农业而不是工业。农业是需要精耕细作的，对每一颗种子都要顺其天性，让其自由生长，这样才能获得丰收。这正如教育，面对智能多元性格迥异的学生，我们要因材施教，因势利导，才能使每一个孩子获得良好的发展。作为教师，我们要常常问自己，是不是一个好的农夫？有没有给种子最好的呵护？

一问：你的课堂是否有有效的教学生成？

课前的千般预设都是为课堂上的生成。生成有预设之内的，也有预设之外的。课堂上教师讲得精彩固然重要，但鼓励引导学生说出教学预设之外的有效生成更为难能可贵。教师要明确认识到学生是课堂教学的共同组织者，课堂教学师生应当时空共有，内容共创，意义共生，成功共享。教师要通过自己的智慧引领，激发学生的创新思考，表达真知灼见。

下面笔者和大家分享一下《故乡》这篇课文教学预设之外的课堂生成。教学中有一个内容是分析杨二嫂的形象，这是课文的学习重点之一。大多数学生都是围绕杨二嫂可憎的形象展开，能结合课文细节分析出她尖酸刻薄、自私势力、贪婪的性格特点，这些都是我预设内的生成。有一个学生就分析到杨二嫂可憎之外亦是可怜的。从20年前起美美的豆腐西施，变成如今这样凸颧骨、薄嘴唇的细脚伶仃的圆规，从中看出杨二嫂生活窘迫，生活水准对比二十年前下降了许多，如果衣食无忧，谁不愿意与人为善？谁愿意用恶意揣度别人？谁愿意为了一副手套、一副狗气杀颜面丢尽？还有20年前，杨二嫂的豆腐店的生意好，说明整个镇上人的生活水平都不错。豆腐店的消失，老屋的破败、萧索的荒村，可看出整个社会生活水平的下降。这些本来是我要讲的内容，但学生能理解到这种程度，小说的主题之一——社会经济日益凋敝的现实这个难点就迎刃而解了。

学生的发言引出我预设之外的一个问题：你怎么看杨二嫂指责闰土在草木灰里藏碗碟这件事？学生的理解很到位：碗碟是谁埋到草灰里的不得而知，甚至有没有埋碗碟也不得而知，但杨二嫂主观认定是闰土做的，显然是污蔑行为，之所以说污蔑，是因为闰土想要碗碟，根本不需要用这种偷藏方式，直接张口要即可；从母亲的调侃的话中也可看出她对杨二嫂指证的质疑，"亏伊装的小脚，还能跑的那么快"，母亲与杨二嫂一同生活在镇上多年，自然非常了解杨的爱搬是弄非的为人。

我又趁势引导：杨二嫂和闰土好像在文章中没有多少交集，这件事将两人连在一起，用意何在？同是深受生活折磨的人，杨二嫂失去了本心，所以用她的自私、势力衬托闰土的憨厚老实。

试想：当思辨、求证的氛围在课堂形成后，参与其中的学生将会有多大的收获？我想那是无可限量而且受益终生的。

二问：你的课堂行为是否富有教学智慧？

课堂状况是多变的，不是每节课的预设都能顺利进行，因为，每一堂课都有其特定的课堂情境。所以教师要能依据课堂情境，包括学生的动作、口语表达、师生交流乃至学生表现出来的某种形象、气氛等等，及时与你要解决的教学问题联系起来，即时调整教学策略，小到一句教学语言的变换，大道教学策略的调整，无不体现着教师的课堂智慧。

有这样一节教师智慧让我印象深刻的课。上的内容是鲁迅的《雪》，教师在学生归纳出南方的雪和朔方的雪的特点后，抛出一个问题：先生更欣赏哪一种雪？结果一个两个学生都回答先生更欣赏南方的雪，理由也很有说服力，作者对南方的雪描绘得更美——明艳的、滋润的，学生的思维明显脱离了教师的预设轨道。这时候，教师没有硬讲或压制学生的想法，而是采取了一种更智慧的处理方法。"孩子们，有没有不同意见？"有一部分同学就举手了，"那好，咱们来场辩论赛，现场辩一辩先生的态度。"于是立场不同的双方你来我往地辩驳。支持朔方雪的同学联系鲁迅弃医从文的初衷说出了这样的理由：根据大革命的背景，时代更需要匕首投枪的战斗精神，需要朔方雪般的风骨。甚至还有一个同学直接指出，文章由南方的雪向朔方的雪过渡时，用了"但是"这个词，根据语法规律，也就是转折句的特点，"但是"后面才是文章重点，才是作者要强调的部分。辩到这般程度，教师趁势明确：南方明艳的雪是作者理想中的世界，但在当时，作者更希望人们拥有朔方雪的战斗精神。由于多出了辩论环节，这堂课最后拓展要写给鲁迅的小诗，只好放到课后，但是我想学生的收获远比写一首小诗要多得多。

学生的课堂生成，是整堂课上最灵活最动人最有创造性的节奏。教师能有效引导和利用课堂生成，灵活地调整教学步骤和环节，驾驭调控好整堂课的节奏，是教师教学智慧的体现。比如一位教师在上《故都的秋》，正要分析课文情景交融的特点的时候，一个学生突然举手，"老师，'比起北国的秋来，正像是黄酒之于白干，稀饭之于馍馍，鲈鱼之于大蟹，黄犬之于骆驼'中的'黄酒''白干''稀饭''馍馍'怎么理解？"这个学生突然的提问让全班的空气都凝固了，问题不仅问住了所有的学生也问住了老师。在给学生鼓励的同时，教师意识到这个问题虽然和教学步骤不吻合，但的确可以借此带动学生理解作者对故都的秋的感情，品尝文章的语言特色，是个有效有价值的问题，于是教师改变教学策略，进一步提示学生对文中出现的事物进行对比。在教师的引导下，学生们顿时活跃了起来。能把课堂生成利用好，能做到真正意义上的师生互动，充分让学生感受到学习的乐趣，这就是教学的智慧。

三问：你的课堂教学能否唤起学生的情感共鸣？

共情是素质教育的情感基础。在语文教育目标的实施过程中，可通过情感体验、情感表达、情感交流、情感矫正等"随风潜入夜"的方式，以情感人，以情育人，使学生的内心世界发生"润物细无声"的变化。模仿是素质教育的认知基础。语文教育要以情感人，但学生又不能迷恋于情，需要一种由情及理的升华过程。当学生的情感体验中渗透着理性思维，对作品中人物、教师、同学的高尚行为进行无意识模仿，使自己的行为方式接近或达到被模仿者的行为方式或心理状态时，学生的认知水平便上升到一个新的境界。

语文教材是集自然美、社会美、艺术美、哲理美于一身的仓库。从教学内容看，宇宙人生包罗万象，诗文辞赋姹紫嫣红，与其他学科相比，语文具有得天独厚的审美价值。讲解中如何利用语文教材的审美优势和情感优势，让学生受到感染，进而感动，唤起情感的共鸣呢？

1. 构建课文与生活的桥梁

建构主义理论认为，人在阅读过程中，只有在阅读对象和自己的直接或间接的生活经验产生意义建构时，才能形成阅读者的个人意义，这也正是产生认同和共鸣的基本前提。语文学习的外延与生活相等，一个不懂得观察生活、感受生活的人是无法品味出语文学习的乐趣的。但问题是，学生现在所面临的教材，其生活内容常常同学生的生活实际有一定的距离，因此，帮助学生构建课文与生活的桥梁，使课文内容与自己的生活经验勾连起来，这常常是让学生受到感染的关键所在。

《背影》虽然语言朴实，但处处洋溢着父子间深沉的感情，对中学生来说要读通课文非常容易，而要领会其内在的情感比较困难。我感觉学生之所以不能领会文章所具有的巨大艺术魅力，原因在于他们平时对于亲情感知的麻木和迟钝。因此，每每分析到父亲蹒跚地为"我"买橘时的背影时，我常常动情地向学生讲述我的父母对我的关心，和"子欲养而亲不在"的悔恨与悲凉。我还告诉他们，只有用一颗爱心去感受这个世界，你才会发现这个世界的美丽。在我的启发诱导下，同学们都情不自禁地回忆起平常被他们忽视而今想起的非常值得珍惜的父母之爱。在这个基础上再去读《背影》，他们就很容易地读懂了平易朴实的字里行间所蕴蓄着的浓浓的情愫，也就能在被感动的同时，深深地理解作品感动了一代又一代人的道理。

2. 借助现代教学媒体及各种教学技术，将学生带入特定的教学氛围

讲解以相关媒体为材料、为背景，以相关教学技术为助手，配合相关媒体的使用（延伸媒体、诠释媒体、指导应用），弥补媒体缺憾，渗透于教学媒体使用全程。目前语文教学越来越多地应用音响语言辅助教学，也出现电脑网络文图语言的应用，它们也作为间接的特质形态，通过学生的视觉、听觉、动觉或综合感觉的管道产生解说分析教学信息的功用。在运用教学语言以外的媒体时，教师讲解语言与它们的协调配合亦不可或缺，教师随时补充、插说，参与媒体对信息的传输，让学生理解媒体语言与现实教学的联系并将注意力一直集中于教师或学生的教学话题中。

例如，我在上一堂以"黄河"为主题的活动课时，采用了多媒体辅助教学。其中我设计了这样一个教学环节：欣赏黄河壮美的风光。方式是配乐播放黄河图片。为了加深学生的印象，激发他们对黄河的热爱，我对图片都进行了声情并茂的解说。

"这里群峰高耸，白雪皑皑，在荒寒死寂中孕育了中华民族的生命之源，这就是巴颜喀拉山——黄河的发源地。"

"百川归海，大海永远是河流的梦想，为此，黄河穿群山、斗峻岭，一路欢歌赴沧海。"

"'黄河之水天上来'排山倒海、汹涌澎湃、大气磅礴，这是奔腾的黄河。"

……

我诗意的解读深深感染了学生。是呀，这群喝着黄河水长大的西北娃怎能不为身为黄河儿女而自豪？在"救救母亲河"这个环节中，面对图片中干裂的河床，我如是说："也许是超载的土地，庞大的人口；也许是为了吃饭，毁林开荒，总之，滥垦滥牧、滥采滥伐，使得黄河中上游地区沙进土退。茫茫黄河，赤地千里，干燥的气候，裸露的地表。消失的河水带走了沃土，留下了黄沙；带走了清泉，留下了混浊；带走了繁荣，留下了荒凉；带走了生命，留下了死亡；带走了多少希望和梦想，又留下了多少悲伤和惆怅。"滔天之水变成了涓涓细流，进而只留下龟裂的河床，面对这严峻的现实，学生们陷入了深刻的反思：作为新时代的少年，我们应该为这条与我们休戚相关、生死与共的母亲河做些什么呢？学生们的发言虽然幼稚，但我想保护母亲河的意识已经在他们心中扎根了。

如何唤起学生的情感共鸣，这是一个感性色彩很浓的话题，每个教师也许都有自己的法宝。但有一点是肯定的，那就是我们必须把学生共情作为课堂教学追求的一个目标，这样，我们培养出来的学生，才可能是一个人格健全、情感丰富的人，同时，语文课也才会越上越生动，越来越受学生的欢迎。

四问：你的课堂是否恰当"留白"以拓宽学生发展空间？

"留白"最初是一种国画艺术表现手法，后来被广泛应用于各类艺术中，如话剧、文学作品以及园林建筑等。艺术作品中的恰当"留白"，能让作品显现呼吸和灵气，表现出一种此时无声胜有声的意境。人们在欣赏的过程中能充分发挥想象力，使艺术作品拥有不同的生命力。"留白"的出现让艺术"活"了起来，更加的鲜活、有生命力。初中语文教学中的恰当"留白"，能充分地发挥学生的主体作用，培养学生的学习能力，激发学生的想象与联想，培养其思考和创新的能力，让课堂富有生机与活力。教学中科学合理地运用"留白"，可以帮助学生们将书本上的文字教条进行抽象化的想象和理解。虚实结合的教育方法，不但可以更深入地让学生学习相关知识，还能扩展学生想象力和创新思维，有力地激发出学生们探索知识的欲望。

1. 提问"留白"

思维不仅仅指的是思考方式，它还代表着一种过程。在语文课程中，教师应注意学生在接触新的知识点时，他思考的整个过程是怎么样的，而不是只看重结果。教师提出问题后，不应该要学生立即就得出答案，而应该给他们一个缓冲时间，经过思考后给出他们的答案。若时间不足，那么学生因为紧张或时间仓促，没有回答或回答错误，长期下去，学生会存在自信心不足，有心理负担，反而没有达到提问的目的。一般来说等候多长时间合适呢？研究表明三秒是一个比较合适的时间间隔。如果是没有准确答案的问题，十五秒比较合适。但是语文课相对其他学科，讨论的时间也会更长，教师的教学在这等待的时间里，学生减少了回答问题的卡壳现象，学生更能积极、主动、多样地回答问题。在等待的时间中，看似静态，实质上却处于动态。

例如，在教学《我的叔叔于勒》一课时，教师可通过三个问题来调动学生对课文的积极思考。文中共刻画了几个人物形象？谁是主人公？如何理解文章的情节结构？学生先独立思考，然后再小组讨论研究。在对问题的思考过程中，教师并没有直接让学生回答结果，留出充足时间给学生思考讨论。学生通过对问题的充分思考，理解了课文内容，学生的回答超出设想，思维非常活跃。可见课堂上要使学生学得更深入透彻，教师就不能一整节课都在讲解知识点，而是要提出问题，引发、激活学生的思考。

2. 想象"留白"

文字是静止的，但在语文教学中，教师要引导学生去发现作品人物背后的声音、情感等，发现其存在于文章背后的内容。帮助学生以动态的眼光来看待文章，这样观察、学习到的文章就有了灵性。新课改更加注重学生的发展，使学生拥有健全的人格。因此，在语文课上，教师要多激发学生的创新潜力，使其能够将静态的语文作品进行动态的欣赏。这就需要学生结合文本相关内容，展开合理的联想与想象，体会字里行间之外的意蕴。

比如，在学习《陈涉世家》时，这样描述起义军的攻打陈县："攻陈，陈守令皆不在，独守丞与战谯门中，弗胜，守丞死，乃入据陈。"教师可引导学生想象陈县的郡守、县令如何弃城而逃，守丞率领的秦兵如何在城门洞里血战防守起义军的进攻，守丞又是被谁杀死的。从而让学生深切体会到这支战斗力并不强的起义军为什么可以所向披靡，原因很明确——"天下苦秦久矣"。这样"留白"，让学生从静态的文字联想到动态的画面情节，从动态的情感中感受文章的魅力。文本的丰厚意蕴必然也会于潜移默化中提升着学生的语文素养。

3. 结课"留白"

俗话说"编筐编篓，重在收口"，在课堂教学中也是这样。一堂课虽有良好的开端，成功的过程，但如果结尾草草收场，也会功亏一篑。好的结尾能起到画龙点睛的作用，给人以课已尽而意无穷的享受。一篇课文学习后，要跳出狭隘的课堂，放眼观察自然和社会生活，领悟文中所载之道，教师在这一环节的教学中更需要"留白"的应用，教师所需做的只是打开窗户，让学生从窗口看出去，然后把看到的一切告诉老师和同学。这一过程就是教师要提示学生用已掌握的知识去看待有所联系的事物，这样才能提高学生思考的能力，培养一个全面发展的主动个体，这也才体现得出教育的终极目标。

比如，上《再塑生命的人》一课，莎莉文老师用爱心和智慧再塑了海伦凯勒的生命，海伦将对老师的感恩之心回馈社会，竭尽全力使这个世界变得更加美好。下课前，教师深情地说："老师把勃朗宁的一首小诗送给同学，'我是幸福的，因为我爱，因为我被爱。'希望同学们在今后的生活中能勇敢地付出爱，并幸福地收获爱！"课堂结束了，但是同学们绝不仅仅是学到了一些语文的知识与技能，我相信他们会将莎莉文和海伦的故事传承下去。这是情感的留白，更是人性的留白，让我们一起期待：美好的事情终会发生。

初中语文教学中的"留白"，首先是指文章的"留白"，教师要通过自己不断学习去挖掘文章中的"留白"，同时，引导学生通过自己的思索、探讨、交流，使其成为对文章的"补白"能手，从而深层次地探索文章传达的情感、内涵和意蕴，探究文章的言外之意。其次是在课堂教学过程中，实践有效的"留白"策略，给学生留下悬念，留下时间、空间的思考，留下思考的成果展示等。

总之，"留白"是教师课堂智慧的体现，它强调学生是一个独立存在的个体，强调课堂上学生才是最重要的，尊重学生的认知、体验，让学生在欣赏过程中获取知识和能力，提升自身的核心素养。

五问：你的板书设计是否能画龙点睛?

优秀的板书是一门艺术，它是教师语文素养的具体体现，也是语文课堂教学的"精魂"所在。优秀的板书，能使教学重难点突出，能使学生因爱板书而爱语文。然而，当下的板书现状令人担忧。其实一些语文教师不是不知板书的重要性，但出于懈怠，不去研究板书的真谛，不在板书的策略上寻找有效教学的出路。鉴于此，语文教学需要把板书的作用、现状、对策提到意识日程上来。

1. 板书设计常见弊端

第一，"多"而"滥"。有的教师恨不得将教学内容全写在黑板上，这样既多又杂，反而突出不了重点与难点。学生看了也厌烦。

第二，"单"而"呆"。对不同体裁的内容，不管学生实际，用同一信号刺激学生，刻板划一，毫无新意，导致学生思维僵化，这样即使是最富有真情流露的文本也会变得死气沉沉，犹如一潭死水。

第三，"乱"而"繁"。有的教师在教学时毫无计划，信手拈来，擦擦写写，杂乱无章，学生对此犹如雾里看花，理不清头绪。

第四，"空"而"怪"。有些教师上课，黑板上只板书几个字，甚至仅把题目写一下，空空如洗，给学生留下的只是一片空白，或者追求形式的独特，板书色彩纷呈，让学生眼花缭乱，貌似新奇，实则哗众取宠。

第五，为板书而板书。有的教师为了追求板书的新颖独特，美观规范，将板书和课堂教学脱离开来。板书内容不是自然地呈现，而是在引导学生讨论完成后在课堂快要结束时才在黑板上认真地把板书写画出来，这种为板书而板书的做法也是教学的大忌。

2. 板书设计优化策略

板书是教师对授课内容的提炼，浓缩了教学环节的精华，凝聚了教师的教学智慧，不是随意所作，应该谨慎行事。

第一，过滤文本的细节。教师上课，不可能把授课内容全部展现在黑板上，必须精简内容，过滤细节。《孔乙己》可板书的内容很多，一位教师过滤出掌柜、众人、"我"、小孩的"笑"来设计板书。孔乙己在人们的笑声中出场，又在笑声中结束了自己的生命。"笑"体现了孔乙己在人们心目中可有可无，同时也隐含着作者对孔乙己"哀其不幸，怒其不争"的态度。一个"笑"字，将文本的"魂"勾住了，文本的密码被破解了。再比如《我的叔叔于勒》，教师过滤出一个"钱"字，菲利普一家在于勒有钱时赞于勒，盼于勒；在于勒没钱时，骂于勒，躲于勒。"钱"折射出菲利普一家自私冷漠的灵魂，小说批判的人与人之间金钱至上的主旨也就水到渠成地凸显了。

第二，选择文本的切点。一篇文章的教学路径往往千头万绪。如何从众多的、繁杂的路径中选择合适的切点板书，这是体现教师教学能力和教学水准的一个标尺。倘若教师找到了最佳切点板书，即使是再晦涩的文本，也能化难为易、化繁为简。

比如《白杨礼赞》一文，文中反复出现"白杨树实在是不平凡的，我赞美白杨树"这句话，教师可以以这句话为切入点设计板书。白杨树的不平凡体现在哪些方面？我为什么要赞美它？

板书：

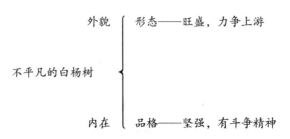

白杨树象征北方抗日的广大军民和他们坚贞不屈的精神和意志

再如一位教师在教学《囚绿记》时这样板书：

赏绿—囚绿—放绿—思绿（深爱、尊敬）

永远向着阳光，永不屈服于黑暗。

这样的板书，切口小，内涵丰，意蕴厚，给人启迪，发人深省，达到了教学效果的最优化。

第三，疏通文本的思路。任何一篇文章，都是按照一定的思路（线索）写的，理清了文本的思路，就能抓住文章的筋脉，使文本的血肉尽收眼底。

比如，教学《陋室铭》就可以这样板书：

室中之景（苔绿……帘青）

惟吾德馨何也？

室中之人（鸿儒……无白丁）

陋室真"陋"吗？

室中之事（抚琴……阅经）

再如《桃花源记》可以以渔人的行踪为线索这样板书：

发现桃源—访问桃源—离开桃源—再寻桃源

当然，优化板书设计的策略还有很多，比如：词语式、情节式、表格式、箭头式、图画式等等。总之，板书设计在语文课堂教学中不可或缺。它是课堂教学的精髓，是教师教学睿智的自然流露，是学生信赖老师、亲近文本的依托。独具匠心的板书，既能展现重点内容，又能发展学生的智力，还能陶冶学生的性情。

六问：你的课堂是否富有语文味？

曾听过这样一节公开课，一位教师教《孔雀东南飞》，以"开庭审判焦母"为主题，设计以下几个环节：

（1）开庭。

（2）法庭陈述，原告陈述理由，被告陈述申辩理由。

（3）法庭分调查和辩论几个阶段，一一进行举证、质证和辩论。

（4）继续法庭辩论（有证人推翻证词的，有向司法人员行贿的，有指出对方做伪证的等等，逼真地进入了一个法庭现场）。

（5）陈述。

（6）休庭，合议庭合议，讨论裁决。

（7）宣布判决结果。

面对这样一堂课，我们不禁思索，这还是一堂语文课吗？是学生对语文课的期待吗？是从学生的角度来进行教学设计从而培养他们的语文素养，提高他们的阅读能力的吗？脱离了语文本味，忽视了学生需要的语文课堂究竟还要走多久？

所以，语文教学我们必须重视一个词——"语文味"。什么是"语文味"？"语文味"是指工具性和人文性的和谐统一。是指在语文教学过程中，在一种共生互学（互享）的师生关系中，主要是通过情感激发和语言品味等手段，让人体验到的一种令人陶醉的审美快感。"语文味"表现在"动情诵读、精心默读"的"读"味，"圈点批注、摘抄书作"的"写"味，"品词品句、咬文嚼字"的"品"味。

语文味的形式主要体现在教师引导学生凭借自己的经历、阅历和文化积淀，去体味、感悟作品，引导学生在充分的思维空间中，多角度、多层面去理解、鉴赏作品，产生对文章的情感美、文体美和语言美的认同与赞赏，并产生强烈的阅读欲、创作欲。这样在长期的濡染中培养学生的语感和美感，触发学生的灵感，丰富学生的精神世界，培养学生文明气质和优雅的文化风度，学生身上会洋溢着浓郁的语文味即文化味。学生的语文能力、语文素养和文化品味、健全人格的层次得到了提升，同时也就意味着学生具有了获取人生幸福，特别是精神幸福的能力和素养。

语文教学就是语文味的教学，语文味是语文教学的灵魂。在教学中应从以下几方面来做：

第一，上出语文独特的情感来。语文教学要培养学生的善良和悲悯情怀，就要把学生培养成情感丰富的人。首先，教师备课要备情感，即要找出教材的情感点。课本中所有课文都渗透着作者的爱憎情感或七情六欲，找准作者的情感点，是教出情感的基础。其次，教师要用整个身心去体验课文的情感。教师只有自己先热爱每一篇课文，才能把自己的热爱传递给学生。当然，语文课的语文味并不是由课文本身所决定的，起决定作用的是教师本人的综合素质。再次，还必须摸清学生的情感点。如果说把握教师自己的情感点是"知己"，那么，把握教材和学生的情感点则是"知彼"。只有知己知彼，才能百战百胜。最后，在教学过程中要努力在教材、学生和教师的情感点之间架起一道畅通无阻的桥梁，引导和促成三者之间产生和谐共振，体现教学的艺术性。

第二，上出语文课独特的美感来。首先，语文课要让学生体会到语言美、意象美、意境美、思路美与文化美。其次，语文课堂要弥漫着一种其乐融融的氛围美。语文是一门很感性的学科，许多时候需要一种感应，一种心灵上的沟通和交流。在其乐融融的师生关系中，教师教得神采飞扬，学生学得兴致高涨，师生双方都全身心投入，这时课堂上就会出现"庄周梦蝶"般的情景：学生没有意识到自己是学生，教师没有意识到自己是教师，教师、学生、教材、教法、教学环境之间融为一体，出现"面朝大海，春暖花开"的优美意境，就是中国古典哲学的最高境界——"天人合一"。这样的教学不仅是发展学生的教学，而且也是发展教师自身的教学。再次，要教（学）出个性美。教师要教出自己的教学个性，就要敢于根据自己的理解教课文，敢于把自己在教学过程（包括备课）中的情感冲动、情感体验告诉学生。

第三，教出语感。所谓语感，即对语言的敏感，包括对文体、语体和字、词、句的敏感。要让学生读出字、词、句的字面含义、深层含义、象征意义和情景意义。

第四，积淀民族文化。语文是传承民族文化最重要的工具。一堂语文课，如果洋溢着浓郁的民族文化味，那么我们就大致可以说它具有语文味。民族文化是一条源远流长奔腾不息的河流，一代一代的人们汇入自己时代的文化小溪，才有后来的波澜壮阔的民族文化景观。具体方法是要用现代意识观读课文，特别是古诗文。这样，一方面可以使枯燥的变得有趣，使遥远的变得亲切；另一方面，可以使现代人的思考沉淀到经典作品中去，沉淀到师生的心灵中去，成为民族文化的一部分。

第五，丰富生存智慧。语文是交际工具，是让人学会交往、学会生存、学会合作、学会对话的学科。因此，有语文味的语文课，应该注重启迪学生的思想和生存智慧。课文中的情趣、智趣和理趣，以及课文中的人生智慧，对启迪学生思想、丰富学生智慧有重要作用。

有语文味的语文课对于教师自身素质要求也很高，语文教师唯有不断加强学习，才能让学生在琅琅书声中读出语文味，在含英咀华中品出语文味，在披文入情中悟出语文味，在妙笔生花中写出语文味。

　　教学是一门艺术，我们追求有效、高效，但是即便是大师们的课也很难达到完美。所以，唯有用教学反思反哺教学，才能推动教师不断进步，提高教学实效。

参 考 文 献

［1］区培民.语文教师课堂行为系统论析——课程教学一体化的视点［M］.上海：华东师范大学出版社，2001.

［2］靳健，石义堂.现代语文教育学［M］.兰州：甘肃教育出版社，2000.

［3］王炳照，郭齐家，刘德华，等.简明中国教育史（修订本）［M］.北京：北京师范大学出版社，2003.

［4］靳健.语文课程研究［M］.北京：中国档案出版社，2002.

［5］靳健.语文课程与教学论［M］.北京：中国科学文化出版社，2003.

［6］钟启泉.学科教学论基础［M］.上海：华东师范大学出版社，2001.

［7］刘放桐.现代西方哲学（修订本）［M］.北京：人民出版社，1999.

［8］朱慕菊.走进新课程——与课程实施者对话［M］.北京：北京师范大学出版社，2003.

［9］孙春成.语文课堂教学艺术漫谈［M］.北京：北京语文出版社，2003.

［10］钟和诚.中学语文听说读写教学论［M］.成都：四川教育出版社，1990.

［11］李如密.中学课堂教学艺术［M］.北京：高等教育出版社，2009.

［12］崔玉芝."留白"艺术在语文教学中运用的思考［J］.教育教学论坛，2011（31）.

［13］钱晔.有效拓展延伸——让语文教学焕发生机和活力［J］.教育教学论坛，2014（22）.

结 束 语

记得读过这样一则小故事：有一位马拉松运动员在很长的一段时间里，训练成绩老是不能提高。一天早晨，这位运动员照例到山区公路上锻炼，突然听到了狼的叫声。因为是一个人，他吓坏了，不敢回头，拼命地跑，谁知那狼的叫声跟了他一路。原来这一切都是教练安排人模仿的。结果，他的这一次训练成绩出奇的好。事后这位运动员说："原来不是我跑不快，而是我的身后缺少一只狼！"

我想，很多时候我们不反思是没有危机感，"身后缺少一只狼"导致缺乏自我突破的动力，所以我们才会一直在原地踏步。

反思使人进步。教师唯有在教学工作中多多反思，总结发扬教学的成功经验，弥补改正教学中的缺点与不足，才能不断提升自己的专业素养，成长为一名优秀教师。

我们都知道打破鸡蛋有两种方式：从外部打破，就成了食物；从内部打破，就成了生命。教育就是生命对生命的唤醒，教师是幸运的，因为我们可以用人格、智慧、学识去影响、引导、帮助一个个独立的生命健康、快乐、幸福地成长。也正因如此，责任也就更大，不能误人子弟，不能害人慧命，不能断了文化传承，不能阻了前进的脚步。冯恩洪教授说："为幸福的人生奠基的教育才是好的教育。"所以优秀教师既应该为学生的幸福人生奠基，也应该为自己的幸福人生奠基。在教学之旅中付出诚意，付出努力，不断学习，珍惜每一堂课，珍爱每一个学生，做一只会发光的萤火虫，即使是微光，无法与皓月争辉，但能照亮自己，也能照亮他人。